节能减排理论与研究

李保华 代元军 ◎ 著

哈尔滨出版社
HARBIN PUBLISHING HOUSE

图书在版编目（CIP）数据

节能减排理论与研究 / 李保华, 代元军著. -- 哈尔滨：哈尔滨出版社, 2023.1
ISBN 978-7-5484-6975-9

Ⅰ.①节… Ⅱ.①李…②代… Ⅲ.①节能减排－研究－中国 Ⅳ.①F424.1

中国版本图书馆CIP数据核字(2022)第246569号

书　　名：节能减排理论与研究
JIENENG JIANPAI LILUN YU YANJIU

作　　者：李保华　代元军　著
责任编辑：韩金华
封面设计：文　亮

出版发行：哈尔滨出版社（Harbin Publishing House）
社　　址：哈尔滨市香坊区泰山路82-9号　　邮编：150090
经　　销：全国新华书店
印　　刷：北京宝莲鸿图科技有限公司
网　　址：www.hrbcbs.com
E - mail：hrbcbs@yeah.net
编辑版权热线：（0451）87900271　87900272

开　　本：787mm×1092mm　1/16　印张：7.5　字数：201千字
版　　次：2023年1月第1版
印　　次：2023年1月第1次印刷
书　　号：ISBN 978-7-5484-6975-9
定　　价：68.00元

凡购本社图书发现印装错误，请与本社印制部联系调换。
服务热线：（0451）87900279

前　言

现阶段在落实和开展节能减排与环境保护工作中，存在法律法规的制定及落实缺乏有效性、源头管理力度不足、公众引导和参与力度不足、先进技术和思路的创新应用不足等问题。需要通过制定法规政策提升公众主观参与度、加大源头治理力度、引进先进的技术和创新思维，做好新形势下的节能减排与环境保护工作。节能减排和环境保护工作不仅是相关部门日常工作中需要长期把握的重点，也是社会发展和经济建设的两方面关键性问题。

满足节能减排以及生态环境保护要求，必须从自身做起，实现对生态环境保护措施的应用，加大资源节约，从各个行业入手科学地落实行业发展指标，构建和谐型和节约型社会。节能减排、环境保护和经济发展之间有着紧密联系，在当前的时代背景下，环境保护有着较高的地位，在经济建设中需要以生态环境和节能减排为基础，科学地落实发展政策，促进行业结构的调整，让公众积极参与到节能减排和环境保护工作中，促进节能减排与环境保护工作的深入发展。

第一，通过节能减排以及环境保护工作，能够保障国家和社会的稳定发展，推进可持续发展理念的深入。第二，在环境保护工作中加大节能减排等措施，能够进一步提升环境保护工作质量，减少环境破坏现象以及非法资源利用现象，实现生态环境的稳定。第三，在工作和生活中，实施节能减排以及环境保护措施符合我国的可持续发展要求，在工作过程中加强对先进技术和先进理念的推广力度，提升资源利用率，促进经济发展以及环境建设的协调进步。为了满足经济发展要求，需要科学应用环境保护措施，强化居民的环境保护意识，落实更多的节能减排措施，实现人与自然的和谐相处。

总而言之，在当前的时代背景下，需要建立资源节约型社会，促进各行业、各地区的节能减排，提高环境保护意识。为了满足企业的可持续发展，需要深入分析企业发展现状，结合实际情况加大新能源的应用力度，加强节能减排以及环境保护工作的宣传，深入开展生态文明建设，推进我国经济建设和环境保护工作的同时进步。

目录

第一章 节能减排的理论研究与分析 … 1
第一节 节约能源的理论研究与分析 … 1
第二节 减少排放的理论研究与分析 … 4

第二章 能源消费现状 … 17
第一节 我国能源建设现状 … 17
第二节 我国能源消费现状 … 25

第三章 节能减排理论研究 … 31
第一节 建筑节能减排的难点 … 31
第二节 节能减排与环境保护 … 34
第三节 循环经济与节能减排 … 37
第四节 建筑工程技术及节能减排 … 40

第四章 节能减排的发展 … 45
第一节 机械工业节能减排 … 45
第二节 纺织工业节能减排 … 48
第三节 污水处理厂节能减排 … 52
第四节 建筑采暖通风节能减排 … 57
第五节 医院水电中的节能减排 … 61
第六节 油气集输系统节能减排 … 64

第五章 节能减排技术 … 68
第一节 煤炭燃烧节能减排技术 … 68
第二节 油气燃烧节能减排技术 … 71
第三节 工艺过程节能减排技术 … 74
第四节 热力节能减排技术 … 78

  第五节 新能源节能减排技术 ……………………………………… 81

第六章 主要领域节能减排应用 ……………………………………… 86

  第一节 燃煤工业锅炉的节能减排 …………………………………… 86

  第二节 汽车发动机的节能减排 …………………………………… 92

  第三节 船舶动力装置的节能减排 ………………………………… 96

  第四节 汽车尾气的节能减排 ……………………………………… 99

  第五节 油品储运的节能减排 ……………………………………… 103

  第六节 物业管理的节能减排 ……………………………………… 106

  第七节 城市暖通空调的节能减排 ………………………………… 108

  第八节 大数据技术在城市节能减排中的应用 …………………… 111

参考文献 ………………………………………………………………………… 113

第一章 节能减排的理论研究与分析

第一节 节约能源的理论研究与分析

不管对于社会还是经济发展，能源的重要性都不容小觑，其是社会和经济发展必不可少的物质基础。改革开放至今已经有40多年，中国国内经济呈现不断增长的趋势，同时随着工业化水平不断提升，能源需求以较快速度增长。但同时也发现，随着能源需求及消费增长越来越快，各个方面的压力袭来，其中主要有能源供应和环境影响两方面的压力。目前在全社会范围内，能源问题已经得到了普遍关注和重视。

一、节约能源的意义

节约能源既具有长远意义，也具有现实意义。目前，中国正处于现代化建设过程中。将现代条件作为基础的工业化，也可叫作新型工业化。利用信息化可以加快实现工业化，创造新的发展道路，其优势鲜明多样，主要包括具有良好经济效益、环境污染轻等，并且能使人力资源优势得到充分发挥。新型工业化进程具有较强功能与优势，不仅能够实现高度集约的目的，还具有高效特征，可以生产与提供低成本以及高质量的产品。随着市场竞争的不断加剧，节约能源可以确保企业生存，并促使其实现可持续发展。

能源在产品成本中占很大比例。比如，能源消费成本在钢铁行业、石化行业、建材行业、铝行业产品成本中所占比例分别为35%，40%，40%～50%，50%。从各项数据中能够看出，减少能源成本是减少各产品成本的重要途径与手段，换言之，在以上几种行业中，要确保企业生存，并且促使企业朝着健康长远方向发展，必须解决的关键问题就是能源节约。

二、中国能源资源禀赋与现状

中国能源需求飞速增长，是全世界最大的能源消费国。

中国资源禀赋相对较差。石油、天然气等优质能源短缺，对外依存度高；煤炭资源丰富，探明储量排名世界第2位；铀矿资源潜力巨大，但勘探程度较低，供给不足；可再生能源储量充沛，但开发程度不高。

三、中国节能工作的几个主要方面

节能即在提高国民经济发展速度，改善人民生活，满足全社会各种物质文化需求的基础上，在生产和消耗能源的过程中，采取技术先进、经济合理、社会可接受的一切措施，尽可能有效地使用能源。就是说，节能具有积极的含意。下面对中国国民经济若干主要部门和领域节能问题进行简要分析。

（一）以信息化带动能源节约

在工业化初始阶段，众多经济发达国家的能源消耗主要指标是弹性系数，并且正处于稳步增长阶段。而进入工业化后期，逐渐显现出下降趋势，20世纪80年代末以及90年代初此种趋势更为明显。信息技术在社会经济发展过程中得到广泛应用，大大降低了各种资源（包括能源）的消耗，能源消耗保持在较低水平。2022年美国的国民生产总值的增长率达到2.5%，而中国同样有与此相似的经历。当下，中国已进入工业化后期，虽然信息化起步较晚，但生命力非常强大。中国在2022年国民的生产总值增长率达到3%。今后，中国社会经济各个部门加强推广信息技术，有机结合高科技与节能，国家的节能工作肯定会事半功倍。

（二）进一步推广能源结构的调整

从人类历史发展进程可看出，能源消费结构的优化工作对于经济发展至关重要，可作为其加速器。在能源消费结构的优化方面，人类社会主要进行过三次重大调整。在尚未进行工业革命前，人类社会生产力极低，长期应用柴草和木炭等能源，仅仅能够进行简单再生产。19世纪60年代第一次工业革命发生，地点在英国，接着在美国、日本以及欧洲爆发，支持工业革命的能源基础为煤炭。1900~1950年，世界经济年增长率达到2%。第二次重大调整发生在1950~1965年，这是能源结构变化的过渡时期，即从煤炭到石油和天然气的过渡。第三次重大调整发生在 1966~1992 年，石油能源时代，全球经济增长率达到 4.5%。而人们正逐步走出这一时代，朝着可再生能源时代迈进，即为第四次重大调整，2017 年，世界经济年增长率为 3%。由此可见，能源消费结构的每一次调整和优化总能促进社会生产力的提高，同时伴随着能源消耗的下降。

（三）机械行业的能源节约

制造业是中国国民经济的重要支柱，机械工业是其核心产业。在机械工业中，有许多不同类型的能源设备，如各种热处理炉、电动输送设备、锻造设备、运输工具等。以机械工业生产的风力涡轮机和泵为例，总设备功率接近 2 亿千瓦，年电力消耗量占全国总用电量的 30%～40%。各行各业的泵和风机的节电工作将成为行业节能工作的重点。泵和风机的节电工作是多方面的，如用先进的 Y2 系列电动机代替淘汰了的 Y 系列电动机；采用变频调速代替阀门开度调节水量和风量，节约能源；为用户生产不同规格的泵和风扇，以避免大型泵和风扇在满负荷状态下无法运行，半负荷运行产生浪费，也就是"大马拉小车"的现象。在不同的场合用适当的小型泵和风扇代替大型泵和风扇，可以达到节电的目的。

（四）冶金行业的节能

中国的冶金工业工艺流程多、能耗高，这个行业的技术设备仍然相当落后。全行业综合能耗指标为 1 吨，钢综合能耗更是远高于先进钢铁生产国。20 世纪末，日本、美国、德国、法国和英国生产每吨钢的能耗分别为 656 千克、785 千克、732 千克、735 千克和 731 千克标准煤，中国生产每吨钢的能耗则高达 1 180 千克标准煤。美国钢铁工业将只需要消耗 10080 万吨标准煤就可以生产 12850 万吨钢，比中国节省 5000 万吨标准煤。2017 年中国钢材累计产量为 104800 万吨，比 2016 年减产 9000 万吨，累计增长 0.8%。如果能够在每个生产过程中用先进的技术和设备对旧设备和旧技术进行翻新，钢铁行业的节能工作将有很大的提高，效果显著。

在中国，节约能源是能源可持续发展、社会可持续发展和现代化客观规律的必然要求。做好节能工作将极大地推动中国的新型工业化进程。

第二节　减少排放的理论研究与分析

一、减排是保护环境基本国策的重要内容

（一）保护环境是我国的基本国策

"环境"一词的内涵和外延极其丰富，在不同的具体情况下会存在一定的差异。本书中所说的环境都以 1989 年 12 月 26 日第七届全国人民代表大会常务委员会第十一次会议通过的《中华人民共和国环境保护法》第一章"总则"第二条中的定义为准："本法所称环境，是指影响人类生存和发展的各种天然的和经过人工改造的自然因素的总体，包括大气、水、海洋、土地、矿藏、森林、草原、野生生物、自然遗迹、人文遗迹、自然保护区、风景名胜区、城市和乡村等。"环境保护，是指采取行政、经济、科学技术、宣传教育和法律多方面的措施，保护和改善生活环境与生态环境，合理地利用自然资源，防治污染和其他公害，使之更适合于人类的生存和发展。中国的环境保护事业从 20 世纪 70 年代起步，经过 40 多年的努力，在污染防治和生态保护方面取得了突出的成绩，但也走过许多弯路。

保护环境基本国策提出的背景：新中国成立之初，由于工业技术还很落后，我国的环境问题并不突出。但是，随着重工业优先发展战略的推行，在经济发展的同时，环境质量也开始迅速恶化，日益威胁到广大人民的生活质量和经济的可持续发展。

1972 年 6 月，联合国在斯德哥尔摩召开人类环境会议，唤起了世界人民对保护环境重要性的认识，我国也派代表团出席了此次会议，标志着保护环境工作正式列入国家议程。

1973 年 8 月 5 日至 20 日，在周恩来总理的倡议下，国务院主持召开了第一次全国环境保护会议。会议确定了"全面规划、合理布局、综合利用、化害为利、依靠群众、大家动手、保护环境、造福人民"的环境保护方针。会议还制定了《关于保护和改善环境的若干规定（施行草案）》。

1974 年 5 月，国务院批准成立了环境保护领导小组及办公室，负责全国环境保护的组织管理工作。随后，各省、市、自治区和国务院相关部门也相应设立了环境保护机构。同时，国务院及其有关部门陆续颁布、批转了《中华人民共和国防止沿海区域污染的暂

行规定》《关于防止食品污染问题的报告》《中华人民共和国工业设计卫生标准》等文件。

1978年，五届人大第一次会议通过的《中华人民共和国宪法》规定：国家保护环境和自然资源，防治污染和其他公害。1979年9月，五届人大常委会第十一次会议审议通过了我国第一部环境保护的法律——《中华人民共和国环境保护法（施行）》，确定了我国保护环境的基本方针和"谁污染，谁治理"的政策，标志着我国保护环境工作开始走上法治的轨道。

1981年2月，国务院颁布《关于在国民经济调整时期加强环境保护工作的决议》，将生产建设和保护环境之间的失调问题作为调整的一项重要内容。1982年11月，五届人大五次会议通过《国民经济和社会发展的第六个五年计划》，把保护和改善环境作为经济社会发展的十大基本任务之一。

1983年12月31日至1984年1月7日，国务院召开了第二次全国环境保护会议。会议在总结过去十年环境保护工作经验教训的基础上，提出了到20世纪末我国环境保护工作的战略目标、重点、步骤和具体措施，并正式把保护环境确定为我国的一项基本国策。

保护环境基本国策在实践中不断完善。1989年召开的第三次全国环境保护会议明确提出："只有坚定不移地贯彻执行环境保护这项基本国策，环境保护工作才能得到不断深入发展。"会议还出台了保护环境的五项制度：《环境保护目标责任制》《城市环境综合整治定量考核》《排放污染物许可证制度》《污染集中控制》和《污染限期治理》等。同年，在七届人大第一次会议《政府工作报告》中，又重申保护环境是我国的一项基本国策，并将其列为该届政府的十大任务之一。

1989年12月，七届人大常委会第十一次会议通过了新的《中华人民共和国环境保护法》，把在环境保护工作中行之有效的制度和措施以法律的形式固定下来，从而形成了由保护环境专门法律，国家法律、法规和地方法律、法规相结合的法律法规体系。

1992年6月，联合国在里约热内卢召开的环境与发展大会颁布了《21世纪议程》，要求各国制定并组织实施相应的可持续发展战略、计划和政策。我国以严肃、认真的态度签署了该国际公约。当年8月，中共中央、国务院批准转发了《中国环境与发展十大对策》。"十大对策"是：（1）实行可持续发展战略；（2）采取有效措施，防治工业污染；（3）深入开展城市环境综合整治，认真治理城市"四害"；（4）提高能源利用率、改善能源结构；（5）推广生态农业，坚持不懈地植树造林，切实加强生物多样性保护；（6）大力推行科技进步，加强环境科学研究，积极发展环保产业；（7）运用经济手段保护环境；（8）加强环境教育，不断增强全民族的环境意识；（9）健全环境法制，强化环境管理;(10)参照环境与发展大会精神,制定中国行动计划。这十大对策吸取了当时国际社会的新经验,总结了我国环境保护工作20多年的经验、教训,是当时和以后相当长一段时期我国环境与发展方面的重要纲领性文件。

为了实施环境与发展大会提出的《21世纪议程》,落实《中国环境与发展十大对策》,国务院环境保护委员会在1992年7月2日召开的第二十三次会议上决定,由国家计划委员会和国家科学技术委员会牵头,组织国务院各部门、机构和社会团体编制《中国21世纪议程——中国21世纪人口、环境与发展白皮书》。1994年3月25日,国务院第十六次常务委员会议讨论通过了该议程,同时还制定了《中国21世纪议程优先项目计划》。

此外,各部门也制定了各项行动计划,如国家环保总局于1994年制定的《中国环境保护21世纪议程》等文件。进入21世纪,保护环境基本国策继续得到完善。《中华人民共和国国民经济和社会发展第十一个五年规划纲要》重申了这一基本国策,并丰富了政策措施。

在党的十七大上,胡锦涛总书记在报告中正式提出将"建设生态文明"作为中国实现全面建设小康社会奋斗目标的新要求之一,并明确提出"基本形成节约能源资源和保护生态环境的产业结构、增长方式、消费模式"。报告指出:坚持节约资源和保护环境的基本国策,关系人民群众切身利益和中华民族生存发展。必须把建设资源节约型、环境友好型社会放在工业化、现代化发展战略的突出位置,落实到每个单位、每个家庭。要完善有利于节约能源资源和保护生态环境的法律和政策,加快形成可持续发展体制机制。要落实节能减排工作责任制。报告强调:要发展环保产业;加大节能环保投入,重点加强水、大气、土壤等污染防治,改善城乡人居环境;加强水利、林业、草原建设,促进生态修复;加强应对气候变化能力建设,为保护全球气候做出新贡献。

近年来,中国生态文明建设成绩斐然,实施大气污染防治行动计划、打赢蓝天保卫战三年行动计划后,中国作为全球第一个大规模开展$PM_{2.5}$治理的发展中国家,2021年,全国地级及以上城市空气质量优良天数比率提高到约88%;十年来,为打好污染防治攻坚战,中国持续加大环保投入,加大环境基础设施建设力度,深入实施水污染防治行动计划,持续推进长江保护修复、饮用水水源地保护等,2021年,全国地表水水质优良断面比例提升至约85%,较2015年上升约20%;关于森林绿化,党的十八大以来,中国森林覆盖率提升约3%,森林面积和蓄积量持续"双增长"。

中央决定把保护环境作为基本国策具有重大的理论与现实意义。

第一,将保护环境作为基本国策是由我国的基本国情决定的。充分考虑我国的现实国情是制定环境政策的一个基本出发点。我国正处于并将长期处于社会主义初级阶段，还是一个发展中国家。我国生态环境保护本来就先天不足，新中国成立后的一段时期的一系列政策失误加剧了生态环境问题的严重性。如：错误的人口政策导致了人口的急剧膨胀，使得我国面临着"占世界7%的耕地养活占世界22%的人口"这一无法回避的现实问题，从而造成了对资源和环境的长期压力；"大跃进"时期大炼钢铁，给我国的森林和矿产资源带来了几乎毁灭性的灾难；改革开放以来高消耗、高投入的经济发展方式给生态环境造成了极大的冲击，等等。

由于我国人口基数过大，经济发展面临人均资源远远低于世界平均水平的约束条件，我国不能走西方发达国家走过的"先污染后治理"的道路，否则将使人口众多、工业规模庞大的中国付出巨大的经济和社会代价，给后代留下难以估量甚至是无法弥补的环境赤字；同时，我国也难以选择西方发达国家现行的高投入、高技术控制环境问题的模式，因为我国还是一个发展中国家，为满足全体人民的基本需求和日益增长的物质文化需要，必须保持较快的经济增长速度。照搬发达国家模式，就意味着放慢经济发展速度，最终将使环境保护失去持久的经济支撑。从现实国情考虑，我国必须坚持环境与经济协调发展的道路，因此国家明确提出，保护环境是现代化建设的一项战略任务，是一项必须长期坚持的基本国策。

第二，将保护环境作为基本国策是实施可持续发展战略的关键。1987年世界环境与发展委员会的研究报告《我们的共同未来》中提出了可持续发展应是既满足当代人的需求，又不对后代人满足其需求的能力构成危害的发展。这一观点得到了人们的广泛认可，并于1992年在联合国环境与发展大会上成为共识。中国是发展中国家，要提高社会生产力、增强综合国力和不断提高人民生活水平，发展是第一要义，各项工作都要紧紧围绕经济建设这个中心来开展。而中国同时又是在人口基数大、底子薄、人均资源少、经济发展和科学技术水平都比较落后的条件下实现经济快速发展的，使本来就已短缺的资源和脆弱的环境面临更大的压力。在这种形势下，实施可持续发展战略，将一直是我国推进社会主义现代化建设中必须遵循的基本准则。

可持续发展必须建立在资源的可持续利用和良好的生态环境基础上，要以保护环境为基础，与资源和环境承载能力相协调。历史经验表明，靠大量消耗资源和牺牲环境的发展是难以持久的。可持续发展依赖于环境的长期承载能力和资源的合理配置。因此，保护环境作为一项基本国策，要长期不懈地坚持下去，要继续坚持"经济建设、城乡建设、环境建设同步规划、同步实施、同步发展"的指导方针，努力实现经济效益、社会效益和环境效益的统一，促进环境与经济协调发展。无论是中国还是外国，环境问题都会造成巨大的经济损失,保护环境归根结底为的是保证发展。如果各种资源不能得到迅速有效的保护,不仅会阻碍经济的发展,而且会威胁民族的生存。将保护环境作为基本国策,正是为了避免出现这样的问题,所以说它是实施可持续发展战略的关键。

第三,生态环境是人类生存最为基础的条件,是我国持续发展最为重要的基础。党的十八大以来,以习近平同志为核心的党中央以前所未有的力度抓生态文明建设,大力推进生态文明理论创新、实践创新、制度创新,创立了习近平生态文明思想,美丽中国建设迈出重大步伐,我国生态环境保护发生历史性、转折性、全局性变化。

生态兴则文明兴,生态衰则文明衰,生态环境变化直接影响文明兴衰演替。改革开放以来,我们党日益重视生态环境保护,把节约资源和保护环境确立为基本国策,把可持续发展确立为国家战略,采取了一系列重大举措。同时,在经济快速发展过程中,传统的高投入、高消耗、高排放粗放型增长模式造成了大量生态环境问题,生态文明建设仍然是一个明显短板,资源环境约束趋紧、生态系统退化等问题越来越突出,特别是各类环境污染、生态破坏呈高发态势,成为国土之伤、民生之痛。我国环境承载能力已经达到或接近上限,独特的地理环境也加剧了地区间的不平衡。随着我国社会主要矛盾发生变化,人民群众对优美生态环境的需要成为这一矛盾的重要方面,热切期盼加快提高生态环境质量。我国经济已由高速增长阶段转向高质量发展阶段,加快推动绿色发展成为必然选择。

第四,将保护环境作为基本国策是落实对外开放政策、促进国际交流合作的必然选择。改革开放以来,我国一直都很重视与国际的交流和合作。2001年,中国加入WTO,标志着中国对外开放的进程又迈出了一大步。在获得巨大机遇的同时,进一步开放也带来了各种挑战,开放条件下如何进行环境治理就是我们必须面对的新的难题。一方面,随着经济全球化趋势的不断加强,环境问题的影响也日趋国际化,中国经济的快速发展对全球环境的影响也在不断扩大;另一方面,中国在加入WTO之后,对外开放程度将进一步扩大,与各国的贸易往来会进一步增加,与之相随的是中国国内的环境将越来越多地受到其他国家的关注和影响。要防范发达国家利用各种环境问题设置新的贸易壁垒或是转移本国污染产品或污染产业,使得我国的环境治理变得更加复杂。面对如此局势,唯有长期坚持保护环境基本国策,才能保证我国的对外开放政策得到落实。

(二)减排是环境保护的重要内容

减排是指降低污染物和废气排放。国务院印发的"十四五"《节能减排综合性工作方案》(以下简称《方案》),提出了中国实现减排的总体要求。《方案》指出,到2025

年，全国单位国内生产总值能源消耗比2020年下降13.5%，能源消费总量得到合理控制，化学需氧量、氨氮、氮氧化物、挥发性有机物排放总量比2020年分别下降8%、8%、10%以上、10%以上。节能减排政策机制更加健全，重点行业能源利用效率和主要污染物排放控制水平基本达到国际先进水平，经济社会发展绿色转型取得显著成效。

对于减少排放的重要性，必须从人类发展历史的角度加以认识。著名的库兹涅茨环境曲线反映了人们对经济社会发展与环境保护的认识过程。库兹涅茨环境曲线表明，经济增长的不同阶段都有其对应的环境质量状况。一般规律是：环境质量随着经济增长而不断下降和恶化，但到一定拐点时环境质量又随经济进一步发展而逐步改善，即呈"∩"形曲线状态。这就是西方奉行的"先污染，后治理"的理论基础。多数发达国家在20世纪70~80年代、人均GDP 1万美元左右时跨越"∩"形曲线的顶点，迎来经济发展与环境改善同步进行的和谐局面。2021年我国GDP居世界第二位，人均GDP 12000美元以上。目前面临的问题是：我国能不能在人均GDP还有较大上升空间的情况下跨越曲线的顶点，实现人与自然和谐发展？对这个问题必须有正确的认识。

首先，从理论上明确我国不能再走"先污染，后治理"的老路。尽管库兹涅茨环境曲线表明经济增长最终会改善环境质量，但环境质量并非随着收入水平的提高而自动改善，如果没有政策干预，环境质量不可能随经济的增长而自动改善。我国近十几年来经济发展的主流模式是"高增长，高污染"的赶超型经济增长方式，这也是发达国家和新型工业化国家与地区普遍走过的"先污染，后治理"的发展路径，这种增长方式给社会带来了许多负面效应。在当前所处的环境经济形势和客观条件发生变化、公众改善环境的呼声和愿望日益高涨的新形势下，不能再走"先发展，后治理"的传统之路，而应走发展与治理并举、不留后患的新路。必须抓住节能降耗、减排治污这个影响我国经济社会发展的薄弱环节，采取有效措施遏制高耗能、高污染行业过快发展，加快建设资源节约型、环境友好型社会。

其次，防治污染要防治并举，预防为先。污染预防比先污染后治理更节省费用。环境退化具有累积和放大效应，在经济发展的较早阶段所允许的某些环境恶化发展到一定时期有可能变为不可逆转的恶化。要按照我国循环经济和生态工业模式，切实搞好以"点、线、面"为特色，包括企业、行业、社会三个层面的循环经济综合试点，积极引导企业走科技含量高、经济效益好、资源消耗低、人力资源优势充分发挥的新型工业化道路。走环境与经济持续协调发展的新型工业化道路，这也是库兹涅茨环境曲线所传递的思想实质。

再次，治理污染必须加大环保投资。在工业化加速发展的过程中，环境污染物的排放增加是必然的结果，但如果能及时重视污染问题，加大对污染防治的投资力度，有效遏制污染物的排放，改善环境状况是可以实现的。根据发达国家的经验，一个国家在经济高速发展时期，环保投资要占到 GDP 的 1%～15% 才能有效控制环境污染，达到 3% 才能使环境质量得到明显改善。目前我国环保投资缺口较大，有的欠账甚至还是多年前遗留下来的。我国应充分运用市场机制，建立以政府为主导多元化环保投融资体制，各级财政要设立环境保护预算科目，并疏通以多种商业融资工具和市政债券为主的长期稳定的城市环境基础设施建设融资渠道，使环境基础设施建设获得长期稳定的投入。

二、我国环境保护的形势与任务

（一）环境形势

党中央、国务院高度重视环境保护，将改善环境质量作为推动绿色发展的重要内容，采取了一系列重大政策措施。我国在经济快速发展、重化工业迅猛增长的情况下，部分主要污染物排放总量有所减少，环境污染和生态破坏加剧的趋势减缓，部分地区和城市环境质量有所改善，核与辐射安全得到保证。

2021 年，全国生态环境质量明显改善，环境安全形势趋于稳定，但生态环境稳中向好的基础还不稳固。地级及以上城市空气质量优良天数比率为 87.5%，同比上升 0.5 个百分点；空气质量达标城市达 218 个，同比增加 12 个。重点区域空气质量明显改善，但还有 29.8% 的城市 $PM_{2.5}$ 平均浓度超标，区域性重污染天气过程时有发生。地表水 Ⅰ—Ⅲ 类水质断面比例为 84.9%，与 2020 年相比上升 1.5 个百分点；劣 Ⅴ 类水质断面比例为 1.2%，全国地下水 Ⅰ—Ⅳ 类水质点位比例为 79.4%，水生态环境改善成效还不稳固，少数地区消除劣 Ⅴ 类断面难度较大。全国土壤环境风险得到基本管控，土壤污染加重趋势得到初步遏制。全国自然生态状况总体稳定，生态质量指数（EQI）值为 59.8，生态质量综合评价为"二类"，与 2020 年相比无明显变化，生态系统质量和稳定性有待提升。

2021 年国民经济和社会发展计划中生态环境领域 8 项约束性指标顺利完成。其中，全国地级及以上城市空气质量优良天数比率好于年度目标 2.3 个百分点，$PM_{2.5}$ 浓度下降比例好于年度目标 13.6 个百分点，地表水 Ⅰ—Ⅲ 类水质断面比例好于年度目标 1.4 个百分点；单位国内生产总值二氧化碳排放下降达到"十四五"序时进度；氮氧化物、挥发性有机物、化学需氧量、氨氮排放总量同比分别减少 3.2%、3.2%、1.8%、3.1%，均好于年度目标。

同时，当前生态环境保护依然面临不少问题和挑战。一是生态环境保护结构性压力依然较大。我国还处于工业化、城镇化深入发展阶段，产业结构调整和能源转型发展任重道远，生态环境新增压力仍在高位，实现碳达峰、碳中和任务艰巨。二是落实依法治污还不到位。生态环境法律体系需要进一步完善，部分配套标准制定相对滞后，全社会生态环境保护意识有待提高，一些企业和地方依法治污、依法保护的自觉性不够，法律责任落实不到位，基层执法监管能力亟需加强。三是生态环境稳中向好的基础还不稳固。生态环境质量同美丽中国建设目标要求和人民群众对优美生态环境的需要相比还有不小差距。四是生态环境治理能力有待提升。生态环境监测和管理水平还不够高，生态环境经济政策还不健全，环境基础设施仍存在突出短板。

（二）环境保护任务

水、大气、土壤是生态环境最基本的要素，对这三者的污染治理是当前我国生态环境建设的紧迫任务。

水，是生命之源，是人类生存和发展之本。水质安全直接关系到人民的生活和健康。曾经发生过的松花江水质污染事件、"太湖蓝藻"事件等，一次次为我们敲响警钟，警醒我们必须把防治水污染放到生态环境建设的突出位置。要重点加强城乡居民饮用水水源保护，依法取缔水源保护区内的工业排污口，对水源保护区内污染企业实行关停搬迁；要加强重点流域污染防治，加快城镇污水处理厂建设，严禁向江河湖海排放工业污水；实行流域统筹治理，让不堪重负的江河湖泊休养生息；强化水污染事故预防和应急处理，确保人民群众饮用水安全。

大气，是一切生命赖以生存繁育不可或缺的基本条件。近年来，我国部分城市的大气质量有所改善，但总体上看，大气环境安全形势不容乐观。以煤为主的能源结构使煤烟型污染长期存在；机动车保有量大幅增加对城市大气环境造成严重影响；酸雨污染对南方地区大气环境安全构成严重威胁，等等。要抓紧完成大气环境容量测算，制定大气环境质量达标规划和改善目标；严格新建项目的环保审批，依法否决高污染项目；加快老污染源的限期治理，关停不能稳定达标的重污染企业。通过达标排放、关停企业、综合治理，不断提高空气环境质量。

土壤，是万物生长之基。土壤污染直接影响人民群众的食物安全，必须引起高度重视。要进行土壤污染源调查，尽快摸清全国土壤污染状况；加快土壤污染防治立法，建立健全相关的法律制度，制定完善有效的政策措施，形成土壤污染防治监管机制和体系；加大土壤污染治理力度，减少农药、化肥、地膜等污染，使受污染土壤得到改善和恢复。

从环境保护的体制、机制角度分析，今后要做好以下工作：

一是保护修复自然生态。生态保护和建设的重点要从事后治理向事前保护转变,从人工建设为主向自然恢复为主转变,从源头上扭转生态恶化趋势;在天然林保护区、重要水源涵养区等限制开发区域建立重要生态功能区,促进自然生态恢复;健全法制、落实主体、分清责任,加强对自然保护区的监管;有效保护生物多样性,防止外来有害物种对我国生态系统的侵害;按照谁开发谁保护、谁受益谁补偿的原则,建立生态补偿机制。

二是加大环境污染防治力度。坚持预防为主、综合治理,强化从源头防治污染,坚决改变先污染后治理、边治理边污染的状况。以解决影响经济社会发展特别是严重危害人民健康的突出问题为重点,有效控制污染物排放,尽快改善重点流域、重点区域和重点城市的环境质量。

三是实施强有力的环境管理。在环境管理方面,各级政府承担保护所辖地区环境质量的责任,实行严格的环保绩效考核、环境执法责任制和责任追究制。各级政府要将环保投入作为财政支出的重点,健全环境监管体制,提高监管能力,加大环保执法力度;实施排放总量控制、排放许可和环境影响评价制度,实行清洁生产审核、环境标识和环境认证制度,严格执行强制淘汰和限期治理制度,建立跨省界河流断面水质考核制度;实行环境质量公告和企业环保信息公开制度,鼓励社会公众参与并监督环保;大力发展环保产业,建立社会化、多元化环保投融资机制,运用经济手段加快污染治理市场化进程;积极参与全球环境与发展事务,认真履行环境国际公约。

三、减少排放的基本途径

(一)削减化学需氧量排放量

以实现化学需氧量减排10%为突破口,优先保护饮用水水源地,加快治理重点流域污染,全面推进水污染防治和水资源保护工作。

1.确保实现化学需氧量减排目标

加快城市污水处理与再生利用工程建设。污水处理厂的建设要坚持集中和分散相结合,因地制宜,优化布局,大力推进技术进步和推广先进适用技术;污水处理设施建设要厂网并举、管网优先,并与供水、用水、节水和污水再生利用统筹考虑;切实重视污水处理厂的污泥处置,实现污泥稳定化、无害化;加强污水处理厂的监管,所有污水处理厂全部安装在线监测装置,实现对污水处理厂运行和排放的实时监控;不断提高城镇污水收集的能力和污水处理设施的运行效率,保证污水处理厂投入运行后的实际处理负荷在一年内不低于设计能力的60%,三年内不低于设计能力的75%。

加强工业废水治理。严格执行水污染物排放标准和总量控制制度，加快推行排污许可证制度；重点抓好占工业化学需氧量排放量65%的国控重点企业的废水达标排放和总量削减；加快淘汰小造纸、小化工、小制革、小印染、小酿造等不符合产业政策的重污染企业；进一步强化工业节水工作，制定高耗水行业废水排放限额标准，提高工业用水重复利用率；以造纸、酿造、化工、纺织、印染行业为重点，加大污染治理和技术改造力度；在钢铁、电力、化工、煤炭等重点行业推广废水循环利用，努力实现废水少排放或零排放；严格按照有关标准监测排入城镇排水系统的工业废水水质和水量，保证污水处理厂安全运行。

2. 全力保障饮用水水源安全

取缔饮用水水源一级保护区内的直接排污口；完成地表水饮用水水源保护区划定和调整工作，确定保护区等级和界限，设立警示标志，关闭二级保护区内的直接排污口；开展饮用水水源地环境状况普查，编制饮水安全保障规划和管理办法及饮用水水源地环境保护规划；加强饮用水水源保护区水土保持、水源涵养，控制面源污染；严格限制在饮用水水源保护区上游建设水污染严重的化工、造纸、印染等各类企业；开展地下水污染状况调查，编制地下饮用水水源地保护规划，防治地下水污染；重视对水体中持久性有机污染物的研究和防范。

健全饮用水水源安全预警制度，制定突发污染事故的应急预案；完善饮用水水源地监测和管理体系，每年对集中式饮用水水源地至少进行一次水质全分析监测，并及时公布水环境状况。

3. 推进重点流域水污染防治

坚持不懈地推进"三河三湖"、松花江水污染治理，抓好三峡库区及其上游、南水北调水源地及沿线、黄河小浪底库区及上游的水污染治理；加强长江中下游、珠江及重要界河的水污染防治；落实流域治理目标责任制和省界断面水质考核制度，加快建立生态补偿机制；多渠道增加投入，加快治理工程建设；统筹流域水资源开发利用和保护，统筹生活、生产和生态用水，保证江河必需的生态径流；按照军地结合原则，继续开展重点流域和区域中军队单位的污水、垃圾治理，改善营区环境质量；加强国际合作，做好黑龙江、鸭绿江、伊犁河等界河的水质监测与治理。

以沿江沿河的化工企业为重点，全面排查排放有毒有害物质的工业污染源，并建立水质监测定期报告制度，督促其完善治污设施和事故防范措施，杜绝污染隐患。

（二）削减二氧化硫排放量

以火电厂建设脱硫设施为重点，确保完成二氧化硫排放量减少10%的目标，遏制酸雨发展。以环保重点城市和城市群地区的大气污染综合防治为重点，努力改善城市和区域空气环境质量。

1. 确保实现二氧化硫减排目标

实施燃煤电厂脱硫工程。实施酸雨和二氧化硫污染防治规划，重点控制高架源的二氧化硫和氮氧化物排放。超过国家二氧化硫排放标准或总量要求的燃煤电厂，必须安装烟气脱硫设施。加快现役火电机组脱硫设施的建设，使现役火电机组投入运行的脱硫装机容量达到目标。新（扩）建燃煤电厂除国家规定的特低硫煤坑口电厂外，必须同步建设脱硫设施并预留脱硝场地。在大中城市及其近郊，严格控制新（扩）建除热电联产外的燃煤电厂。

2. 综合改善城市空气环境质量

以颗粒物特别是可吸入颗粒物作为城市大气污染防治的重点，加快城区工业污染源调整搬迁，集中整治低矮排放污染源，重视解决油烟污染。加强建筑施工及道路运输环境管理，有效抑制扬尘。提高城市清洁能源比例和能源利用效率，大力开展节能活动。因地制宜地发展以热定电的热电联产和集中供热。在城区内划定高污染燃料禁燃区。统筹规划长三角、珠三角、京津冀等城市群地区的区域性大气污染防治，有条件的城市要开展氮氧化物、有机污染物等复合污染问题以及灰霾天气的研究，逐步开展对臭氧和 PM_z（直径小于2.5微米的可吸入颗粒物）等指标的监测，建立光化学烟雾污染预警系统。

3. 加强工业废气污染防治

以占工业二氧化硫排放量65%以上的国控重点污染源为重点，严格执行大气污染物排放标准和总量控制制度，加快推行排污许可证制度。促使工业废气污染源全面、稳定达标排放，实现增产不增污。工业炉窑要使用清洁燃烧技术，以细颗粒污染物为重点，严格控制烟（粉）尘和二氧化硫的排放。开展新一轮的除尘改造，推广使用高效除尘设施。继续抓好煤炭、钢铁、有色、石油化工和建材等行业的废气污染源控制，对重点工业废气污染源实行自动监控。大力推进煤炭洗选工程建设，推广煤炭清洁燃烧技术。继续开展氮氧化物控制研究，加快氮氧化物控制技术开发与示范，将氮氧化物纳入污染源监测和统计范围，为实施总量控制创造条件。

4. 强化机动车污染防治

大型、特大型城市要把防治机动车尾气污染作为改善城市环境质量的重要内容。进一步提高机动车排放控制水平,规范在用机动车环保年检工作。改善油品质量,提高燃油的利用效率。大力开发和使用节能型和清洁燃料汽车,降低机动车污染物排放量。

5. 加强噪声污染控制

加强对建筑施工、工业生产和社会生活噪声的监管,及时解决噪声扰民问题。限制机动车在市区鸣笛,对敏感路段采取降噪措施,控制交通噪声。在大中城市创建安静小区。

6. 控制温室气体排放

强化能源节约和高效利用的政策导向,加大依法实施节能管理的力度,加快节能技术开发、示范和推广,充分发挥以市场为基础的节能新机制,努力减缓温室气体排放。大力发展可再生能源,积极推进核电建设,加快煤层气开发利用,优化能源消费结构。强化冶金、建材、化工等产业政策,提高资源利用率,控制工业生产过程中的温室气体排放。加强农村沼气建设和城市垃圾填埋气回收利用,努力控制甲烷排放增长速度。继续实施植树造林、天然林资源保护等重点生态建设工程,提高森林资源覆盖率,增加碳汇和增强适应气候变化能力。加强温室气体排放的监测与统计分析。

(三)控制固体废物污染

以减量化、资源化、无害化为原则,把防治固体废物污染作为维护人民健康,保障环境安全和发展循环经济;建设资源节约型、环境友好型社会的重点领域。

(1)实施危险废物和医疗废物处置工程。加快实施危险废物和医疗废物处置设施建设规划,完善危险废物集中处理收费标准和办法,建立危险废物和医疗废物收集、运输、处置的全过程环境监督管理体系,基本实现危险废物和医疗废物的安全处置。完成历史堆存铬渣无害化处置。

(2)实施生活垃圾无害化处置工程。实施城市生活垃圾无害化处置设施建设规划,推行垃圾分类,强化垃圾处置设施的环境监管。高度重视垃圾渗滤液的处理,逐步对现有的简易垃圾处理场进行污染治理与生态恢复,消除污染隐患。

(3)推进固体废物综合利用。重点推进煤矸石、粉煤灰、冶金和化工废渣、尾矿等大宗工业固体废物的综合利用。推进建筑垃圾及秸秆、畜禽粪便等综合利用。建立生产者责任延伸制度,完善再生资源回收利用体系,实现废旧电子电器的规模化、无害化综合利用。对进口废物加工利用企业严格监管,防止产生二次污染,严厉打击废物非法进出口。

（四）提高生态安全保障水平

以促进人与自然和谐为目标，以生态功能区划分为基础，以控制不合理的资源开发活动为重点，坚持保护优先、自然修复为主，力争使生态环境恶化的趋势得到基本遏制。

（1）编制全国生态功能区划。在全国生态环境现状调查的基础上，依据生态环境敏感性和生态功能重要性编制全国生态功能区划，科学确定不同区域主导生态功能类型，划定对国家生态安全具有重要意义的重点生态功能保护区，指导生态保护工作，为实施环境保护分类管理提供科学依据，并与全国主体功能区划规划衔接协调。

（2）启动重点生态功能保护区工作。明确重点生态功能保护区的范围、主导功能和发展方向，按照限制开发区的要求，探索建立生态功能保护区的评价指标体系、管理机制、绩效评估机制和生态补偿机制。提高重点生态功能保护区的管护能力。

（3）提高自然保护区的建设质量。进一步完善自然保护区体系，基本建成类型齐全的自然保护区网络，使95%以上的典型自然生态系统类型、国家重点保护野生动植物物种及重要自然遗迹划入自然保护区保护范围。实现自然保护区建设由重数量向重质量转变，提高自然保护区的管护能力与建设水平。制定自然保护区规范化建设标准，按照相关规划继续推进自然保护区建设。90%以上自然保护区有健全的管理机构。初步建成全国自然保护区监测网络和综合信息平台。

（4）加强物种资源保护和安全管理。开展物种资源调查。建设物种资源的数据库、种质库和基因库。建设物种资源就地、迁地和离体保护设施。建立物种资源进出口查验制度，强化外来物种和转基因生物体的生态影响监控、安全防治和应急机制。开展物种资源保护的宣传教育，增强公民保护物种资源的意识。

（5）加强开发建设活动的环境监管。坚持保护优先、开发有序的原则，抓好长江上游等流域的水利开发、黄土高原能源矿产开发、东北黑土地开发等重点开发规划和项目的环境影响评价，有效控制开发建设中的水土流失。加大生态保护执法力度，打击破坏生态的违法活动。加快建立矿山环境恢复保证金制度。推进矿山环境治理，促进新老矿山及资源枯竭型城市的生态恢复。强化旅游开发活动的环境保护，加大对旅游区环境污染和生态破坏情况的检查力度，重点加强对生态敏感区域旅游开发项目的环境监管，开展生态旅游试点示范。

第二章 能源消费现状

第一节 我国能源建设现状

一、能源产业在建设和谐社会中的作用与地位

能源是经济发展的物质基础，能源资源能否得到保障已成为现代经济社会稳定发展的主要影响因素。经济可持续稳定发展可以有效降低失业率，普遍提高人民的生活质量，使社会处于基本和谐状态。在我国经济快速发展的过程中，涉及能源资源的各种问题，包括供应问题、安全问题、环境问题等，无一不是当前经济社会研究的热点。

现代社会对能源的研究已不单局限于能源经济学的范畴，而且还涉及能源社会学。因为人类对能源的开发、利用全部过程活动直接反映出能源与人类社会的密切关系，包括人类对自然环境的认知程度，人类生活的消费指导理念、商品营销方式，以及人与人之间的关系等，体现出人与自然的和谐发展关系以及社会发展的和谐程度。

我国是社会主义国家，资源归国家所有。能源资源在各地域的禀赋程度差异很大。如何有效地利用资源，实现全社会的经济均衡发展，一直是经济学家和政治家们探讨的问题。资源禀赋不同，各地的发展模式不同，产生的问题也不相同。因此，可以按照能源资源赋有程度来划分、研究能源开发与经济社会发展问题。

一类为能源矿产资源禀赋富足地区。

我国能源矿产资源丰富的地区多为经济落后地区、偏远地区。而经济发达地区由于对能源矿产资源开发利用较早，目前日益枯竭。因而在能源矿产资源丰富的地区，自然形成了这样一种主要的经济发展模式：寻求资金与技术，利用人力资源开发、输出能源矿产资源，获取资金和就业机会，实现社会稳定、经济发展。

资源所在地政府积极吸引外来资金和企业开发能源矿产资源，不仅可以获得企业缴

纳的税费，而且可促进本地企业的资源开发，并且直接从能源矿产资源的出售或相关的产业中获利。例如，在水电资源丰富的河川峡谷地带，在开发水电资源的过程中，当地部分居民被迫搬迁，另一部分居民则可获取工程带来的，或者是与水电配套的高耗电项目、新兴产业带来的就业机会。而且地方政府还可能从水库建设后期发展起来的休闲度假、旅游、水产养殖等产业中获取一些收益。在煤炭资源富庶地区，大型煤矿开采的丰厚利润激发了当地居民对本地资源开发的积极性，我国数万座地方或个体开发的小煤矿雨后春笋般地出现。

从能源生产供应角度分析能源开发与经济社会发展的关系，可以看到：在社会对能源矿产资源需求日益增长的形势下，能源矿产资源富足地区的开发量越来越大。随着这些不可再生矿产资源的开发量逐年增加，潜在的严重问题是未来资源枯竭后，地方经济社会发展的可持续动力不足伴随着能源矿产资源枯竭程度的加深，地方矿产开采行业的规模就会逐渐萎缩，在缺乏后续产业发展的状况下，必然会出现地方财政锐减、在岗人员的收入减少或失业等造成社会不安定的问题。在我国早期开发煤炭资源的地区，如黑龙江省的鹤岗、辽宁省的阜新等地已经出现了资源枯竭型城市的可持续发展问题。

能源矿产资源赋予了地方财富的来源；同时也因对其开采，会带来对生存环境的破坏。从环境角度分析能源开发与经济社会发展的关系，可以看到：矿产资源的开采必然对地层或地貌产生破坏性的影响，并直接破坏地下深层次的水资源体系。生态环境的破坏使当地居民失去了基本生存空间，不得不搬迁，因而在资源开发中就会产生其他尖锐的社会矛盾。

另一类为能源矿产资源贫瘠地区。

这类地区目前的发展模式是利用资金购买能源矿产资源以充分利用基础设备保障生产，支持经济发展，扩大就业机会，实现社会稳定。在能源矿产资源贫瘠地区，发展遇到的最大影响因素就是能否保障能源对经济发展的供应安全。如果能源供应不能得到保障，机械设备就不能发挥正常的工作效率，影响投资回报率，降低企业效益。因此，在现代工业化时期，能源作为经济发展的基础和战略资源的作用日益显现。在电力供应不能得到保障的地区和运输困难地区，吸引投资就存在极大的障碍，直接影响地方经济发展。电荒还直接影响到人口聚集量大的城市居民生活用电，降低生活质量。

从上述分析可见，在能源矿产资源富足地区与能源矿产资源贫瘠地区之间自然存在着能源供应与消费的市场关系，也可以说是存在着实现经济稳定发展、保障能源安全供应的和谐关系。在我国，经济发展与矿产资源的分布存在着极不均衡的客观状况：经济发达地区的矿产资源贫瘠；矿产资源丰富地区却又常常是经济发展落后地区。经济发达地区迫切需要资源产地的能源支持；经济发展落后、但能源矿产资源丰富的地区，需要依靠对自有资源的开发和输出，来积累地方经济发展的原始资本。这两类地区的经济发展基础截然不同，在能源资源价格和工业产品价格长期存在巨大差异的现实状况下，资源开发利益分配关系扭曲，更加大了能源资源输出和输入地区的经济效益差异，进而造成了地区贫富差距扩大。

由此可见，对社会和谐问题的研究离不开对资源特别是能源资源的研究。我们需要剖析能源产业发展与经济社会发展的关系，大力开展深层次问题的研究工作。

二、能源资源开发、配置的利益格局与社会和谐问题

经济利益是人民的根本利益之一，利益失衡就会造成诸多潜在的社会冲突和矛盾。在建设一个人与自然、人与人和谐发展的社会过程中，更应该关注能源开发利用过程中的纵向与横向利益分配的均衡问题。

纵向利益分配的均衡问题突出体现在能源资源开发的利益格局方面。无论能源矿产资源开发，还是水力资源开发都要动用土地，资源开发者必然会与当地居民产生直接交涉，可能引发移民搬迁或生态环境改变等矛盾冲突。

横向利益分配的均衡问题突出体现在能源资源配置的利益格局方面。在优化配置资源的经济原则下，能源资源富足地区开发出的能源资源大部分被送往经济发达地区，反而不能供本地使用。

如果不采取有效措施对社会利益相对失衡这一趋势加以遏制，使其继续扩大，就可能形成两极分化。

（一）水电开发中的移民问题已不单纯是经济补偿的问题

能源资源开发利用中，水电资源开发造成的社会问题最为复杂。我国是世界水电资源大国之一。充分利用丰富的江河资源，建设水电站，具有防洪、灌溉、供水和发电等功能效益，可以大幅度地减缓煤炭、石油、天然气等不可再生能源资源的消耗速率，同时也有利于大气环境的改善。但是，水电建设开发可能会诱发地震、带来物种减少等生态环境问题，而且由于淹地不可避免，必然要迁移大量的人口。水库淹没区的大规模移民是水电工程建设中的首要问题。

目前我国可以大规模开发的可再生能源是水能资源，水能资源总量位居世界第一，人均占有量也接近世界平均水平，而极为丰富的煤炭资源人均占有量仅约为世界平均水平的55%。至今我国已开发和正在开发的水能资源只占经济可开发量的30%左右，水

能资源的开发直接关系到我国的能源发展整体战略。其中的关键在于解决好水库的移民问题。在我国东南沿海地区已建的一些大中型水电站，为每年得到1亿千瓦时的电量平均约需搬迁1000人，西部地区则为200~300人。举世瞩目的长江三峡工程，移民总量约120万。新建大型水电站又将涉及大量移民，因此，移民问题备受关注。

一般情况下，水电站多处于人类生活环境原本比较富裕的河谷地带，这里的居民生活比贫困山区的居民生活更加富庶、安定。通常采用靠后安置或异地安置的方式，而搬迁必然会牺牲他们的既得利益。我国早期水库建设采取简单赔偿、强制搬迁的方式，以土地、房屋、树木、青苗等有形资产和搬迁重建中的有形物耗为基础计算"补偿"，并且过分强调移民的自力更生，已经造成了大量的社会遗留问题。主要原因是水库移民的耕地数量和质量改善的可能性很小。水库移民补偿过低，搬迁造成了大多数移民的生活环境恶化、生活质量下降。有些地区水库周边居民守着水库，却享受不到水电工程的益处，农田自流灌溉变成了电力提级灌溉，种粮成本上升。生活环境、社会关系和传统文化的变化均会给移民造成很大的心理压力。

自三峡工程后，我国水电安置移民从迁移异地开发的"移民性开发"，到创造基本生产条件后再移民的"开发性移民"，发生了根本性的转变。水库移民方式由"安置型"转为了"开发型"，改消极补偿为积极创业，变生活救济为扶助发展生产。但是，由于社会生存环境的巨大变迁，不是一次性扶助就可以恢复持续稳定的生产生活，补偿那些劳动技能、社会网络资源、文化传统习俗等无形损失的。如果没有政府的关心和政策扶持，仅靠移民自身的努力，难以解脱移民贫困化问题。

水电工程是造福人民的工程。移民为水电开发做出了巨大的牺牲，需要社会给予回报。如果移民没有享受到水电开发给他们自身带来的生活质量改善与提高，那么这个水电建设就谈不上是富民的工程。然而，难以让移民接受的现实是，水电开发企业从电力收益中获取了丰厚的利润，电力企业的过高收入、垄断性国企职工的优厚待遇与水电移民的贫困形成了巨大的反差。利益分配不公，必然降低公众对于地方政府的信任度。上访求助、移民回流，甚至过激行为，将直接影响社会的稳定。因此，水电建设的后期效益分配问题特别受关注。如果水电移民问题得不到很好的解决，将对水电业进一步发展造成严峻的挑战。

由于水库淹没问题，涉及面积大，一次性搬迁移民多，社会影响广泛。水电工程移民问题已不是传统意义上的经济补偿问题，如何使大量移民移得出、稳得住，成为一个系统的社会和谐问题。水库移民的政策应首先使他们为国家利益做出的牺牲得到补偿，并使他们在搬迁之后，能够与当地原住居民和谐相处，共同提高生活水平。国家还出台了库区后期扶持政策，努力实现"移得出、稳得住、能致富"的目标。

（二）谁在承受煤炭开采的环境灾难？

煤炭是我国的主要能源，在工业化进程中，能源的大量需求加速了煤炭资源的开采。与此同时，生态破坏和环境问题也日显突出。由于采煤沉陷而造成整个村庄搬迁的事例不胜枚举。在此以山西省保德县的一个国情调研案例来说明煤炭开采对人类赖以生存的环境影响的严重程度，以及现行税费制度形成的利益分配问题：

山西省保德县煤炭资源与生产状况：保德县煤炭资源丰富，全县60%以上区域内含煤，探明储量127亿吨，是山西省36个重点产煤县市之一，也是全国重点产煤县。

虽然保德县探明地质储量达120亿吨以上，但可采储量仅有60亿吨左右；经济可采储量仅有15亿吨左右。若年采煤炭3000万吨，回采率50%，每年动用储量就是6000万吨，这些经济可采储量也就可支撑25年的时间。何况，煤炭回采率还不足50%，因此，面临的资源问题日益严峻。合理开发资源、提高煤炭回采率成为保护资源、实现地方经济持续发展的重要环节。否则，以煤炭为主导的工业就无从谈起。

保德县对于煤炭工业发展的反映：

（1）组织管理体制问题。该县存在为追求政绩，决策不科学的现象。上项目只考虑经济增长和市场，很少考虑生态环境问题，没有以建设自己家园的原则和长远观点来管理所管辖地区。特别是引进资源开发大项目，经济上去了，但是生存环境破坏了，遗留下不少社会问题。

（2）"大矿富县、小矿富民"。有煤炭资源的村，村办煤矿要缴纳村福利金，农民的人均收入多来自煤矿的分红。

保德县是产煤重点县。过去煤矿数量较多，由于小矿开采规模小，煤炭开采带来的地表塌陷等生态环境问题虽然存在，但是没有快速集中地显现出来。全县26座煤矿，其中22座乡镇煤矿年生产能力仅有200余万吨。大矿的引进，急速提高了煤炭的开采能力。1999年投产的神东保德煤矿所占煤田储量大约为30亿吨，设计生产能力达到1400万吨/年。投产后，产量在逐年提高：2003年产煤250万吨；2004年产煤750万吨；2005年产煤已达到769万吨。在煤炭产量大幅上升的同时，地下水资源流失、地表塌陷等生态环境问题非常急剧地表现出来。

例如：保德县桥头镇辖32村，人口16641人，以农业为主。人年均收入900元以下的占到70%左右。（当地标准人年均收入1900元为贫困人口）神东保德煤矿在保德县桥头镇有四个煤矿。神东保德煤矿的大型机械化开采，生态环境问题凸现。采煤区域含水层破坏，造成 11 个泉眼全部干枯，加上干旱少雨，地下水位急剧下降，人畜饮水困难，只得靠煤矿企业拉水到户。随后，还要靠打深水井、建水塔等办法来进一步稳定水的供应。不仅如此，煤矿和洗煤厂废水的排出涉及了 7 个村庄；采煤还造成了某些地区塌陷，不得不进行"四补偿"（一补偿房产，补偿标准：窑洞 300 元/平方米；房屋 380 元/平方米；二补偿经济林，对房屋周边 10 米内的林木补偿；三补偿误工，对因搬迁造成的远距离农田误工补偿；四补偿地表塌陷损失，包括滑坡、水地变旱地、水源井等损失。煤矿企业对采空区的塌陷补偿协议是采 1 吨煤补偿 0.20 元塌陷费和 0.20 元的水污染防治费），采取搬迁的办法。并提出每 3 年核对一次情况，每 5 年补偿一次的解决方案。从 1999 年煤矿投产至 2005 年的 6 年时间内，已搬迁了 4 个村。

尽管煤炭企业做了不少工作，尽力弥补采煤的负面影响，当地百姓仍然顾虑重重。大型煤矿可以在采完煤炭后一走了之，但是多年来人口聚集的村庄消失了，居民迁走了，离农田远了，未来的水资源是否可以保障生活和农业生产所需？这些问题又将由谁来解决？村民们面对大型采煤带来的现实生存问题，他们感叹道：采煤带来的是水断地陷，断绝了子孙后代的生存希望。甚至感到"无煤是宝"，没有煤矿资源，就没有如此严重的生态破坏。

引进大型煤矿企业到地方采煤，富了县财政，却因环境破坏问题苦了煤炭产地的农民。神东保德煤矿年上缴县财政约 5000 万元，还带动了县运输、建材的发展以及农产品的消费，但对地方的带动只是很短暂和极有限的。因为采煤的同时也引发了一系列危及人类生存的生态环境问题，这些采煤有限期内所得到的补偿是否足够弥补这样惨重的生态环境损失？

神华煤矿在保德县生产 1 吨煤，至少可以得到 100 元的利润。但是，只给当地留下 30 元税费。这笔税费省市要提走 20 元，县里只剩下 10 元；另外，县还可以征收环保费用 12 元。也就是说，在地方上开采 1 吨煤，煤矿所属地总共才可直接得到 22 元的补偿。而采煤带来的生态破坏极为严重，仅从水资源分析，采 1 吨煤就要流失 2 吨水。与采煤企业所获利润相比，大型煤矿对于地方资源开采补偿如此之低，在原本生态环境脆弱的贫困地区更是加剧了人类生存的难度。

山西是煤炭资源大省，为国家的经济发展做出了巨大贡献，但同时生态破坏和环境问题也越来越严重。改革开放以来的 40 多年内，煤炭开采造成山西全省地下采空区达 1300 平方千米，地表塌陷面积 1520 平方千米。根据遥感测定，仅 1993—2003 年间，全省因采煤致使 40 余万亩水田变成旱地。在煤炭开采过程中，除空气、水源和土壤被严重污染外，固体废弃物也使生态环境更趋恶劣。山西曾有大小矸石山 106 座，其中有

40多座在自燃。煤矿的超额利润致使矿主与少数既得利益者致富，采煤造成的水资源流失和土地塌陷等生态灾难只能由当地百姓承受。

（三）煤炭行业的安全生产关系到企业与社会的稳定、和谐

一个矿工是一个家庭的经济支柱，矿工的安全是保证矿区和谐的基础。近年来我国矿难事故时有发生，煤矿安全已成为广受社会关注的问题。

能源矿产资源的配置、煤矿的安全生产监管直接关系到现实的利益格局。在市场机制下，属于国家所有的矿产资源一经售出，就成为矿主的摇钱树。煤炭行业在我国能源产业市场开放最早，不规范的市场行为使煤矿开采工人与矿主收入差异巨大，不少矿主减少安全设施的投资，以矿工的生命代价换取丰厚的利润。多次矿难表明：在一些地方恶性事故是少数官员的投资入股及官煤勾结、受贿、违规办证和企业主急功近利、片面追求经济利益造成的。

煤矿事故率不仅在小煤矿，而且曾在大煤矿呈现增高的趋势。煤矿的生产安全不单纯是安全技术设施的配备和使用问题，还存在政府腐败问题和能源管理的体制问题。现行分散的行业管理体制结构分解了煤矿的安全生产责任。虽然我国成立了各级安全监察机构、颁布了安全法规条例，但是，地方利益与中央政策之间的矛盾、管理缺陷、监管缺位等各种问题积重难返，造成煤矿安全隐患严重，长期难以解决。

三、当前我国能源产业垄断性与社会和谐性之间的主要矛盾

和谐社会的物质基础是社会各群体及成员的利益均衡，可是当前我国由于能源等垄断行业收入过高，增长过快，导致了利益博弈的失衡，成为社会关注的突出问题。

诺贝尔经济学奖获得者格里高利·曼昆认为，垄断有3种类型：市场垄断、自然垄断和行政垄断。市场垄断是市场竞争自发形成的，是少数公司利用其资本、技术或管理优势所取得一种市场势力，并且实现了获得超常经济利润的可能。自然垄断主要指在一些生产具有弱可加工性的领域，使得一个市场中一家企业生产所有的产品具有最大市场效率的现象，其呈现出的是一种完全垄断特征。行政垄断是由于行政权力保护所形成的卖者独占或买者独占，它是通过国家法律、政府行政法规或规定的形式取得的一种排他权，是政府凭借公共权力来排除或限制竞争的一种行为。在我国，电力、石油、天然气等能源行业的国有经济垄断不是产生于市场竞争，而是行政权力划分市场的结果。能源行业以属于自然垄断行业或特殊行业为借口，在保障能源安全的政策下，继续维护行业已有的特殊利益，已成为依靠国家特殊政策获取超额垄断利润的行业。

有经济学家将我国资源浪费的主要原因归于资源价格过低，期望通过上调资源价格来抑制消费。在实际运行中，我们看到的是每次资源价格上调后，作为基本燃料的煤、油、电等能源价格与其他生活必需品价格的关联敏感程度更高，企业就会紧跟资源价格上涨上调产品价格。虽然产品价格的上涨会起到抑制部分消费者的消费欲望的作用，但是，这一措施实质上是消费者在承担资源价格上涨的生产成本，并没有起到抑制生产者在生产过程中的资源浪费的作用。因为能源价格的上涨已被产品价格的上调所掩盖了。例如，近年来煤炭价格上涨，在电力企业亏损的呼声中，甚至在电煤供应危机的形势中唤出了煤电价格联动政策，电价随之上调，发电煤耗并没有因煤炭价格上涨而大幅度减少，电力企业员工收入仍然高于其他行业。

这种行业之间的收入差异并不是源于劳动能力和技术知识的差异，而是因为能源等行业占有垄断地位，完全依靠涨价获取超额利润。而其他行业则往往受制于能源供应的价格，加之行业自身的竞争性较强，获利空间很小。垄断将会造成少数人获得过高收入，使收入分配的行业差别、城乡差别、地区差别越来越大，利益不均衡、贫困悬殊的问题日益突出，严重影响社会安定、团结。

能源资源既是国家的财富，又是经济发展的重要制约因素，无论是资源的开发、利用，还是分配由资源所获利益，均关系到全体人民的基本利益和国家经济的持续稳定发展。"和谐"是指"配合得适当和匀称"。对能源与社会和谐关系的分析，包括能源资源配置的适当与匀称、能源资源利益分享的适当与匀称。

在宏观层面，能源与经济发展存在安全平衡供应的和谐关系；与生态环境存在着开发利用过程保护的和谐关系；能源行业与其他行业存在着共同发展的和谐关系。在微观层面，能源价格关系到不同能源产业发展的和谐关系、与其他产品价格的和谐关系；能源资源开发者收益水平与社会各阶层和谐的关系；能源供应基地与能源受供区经济共同发展的和谐关系；能源开发区内开发者与当地居民的和谐关系等等。能源与经济、社会发展的关系需要的是人与自然的和谐关系、人与人之间的和谐关系。

这些和谐的关系形成，需要政府根据"建设和谐社会"的基本原则进行能源管理体制建设和能源政策制定，协调好各方面的利益关系。还需要研究人员进一步拓展能源经济社会学的理论和社会调查研究。

第二节　我国能源消费现状

一、我国能源消费现状

（一）能源消费量逐年增多

我国煤炭的消费量逐年增多，2022年2月28日，国家统计局发布中华人民共和国2021年国民经济和社会发展统计公报。经初步核算，全年能源消费总量52.4亿吨标准煤，比上年增长5.2%。煤炭消费量增长4.6%，煤炭消费量占能源消费总量的56.0%。石油消费量增长4.1%，天然气消费量增长12.5%，在石油和天然气方面，我国目前仍储量有限，但消费也在不断增加。

（二）能源结构不合理

目前，发达国家已经进入油气为主、多种能源协调发展的阶段，而我国还处于以煤炭为主的相对落后的能源结构时代。一直以来，我国都是一个耗煤大国，"多煤、少油、缺气"是对目前能源结构的有效概括。我国的能源消费结构存在严重的不合理性，国家也在积极倡导进行能源的战略性改革，要求多使用清洁能源、少使用煤炭能源，然而实施起来却存在诸多困难。2005年以前，煤炭在我国能源消费总量中的占比约为73%，2015年煤炭占能源消费总量的比重逐渐下降到64%左右，而2005~2015年，天然气等非一次性能源消费总量的比重逐渐由7%上升到12%左右，2016年我国煤炭消费又下降两个百分点。从以上数据可以看出，我国能源结构转型取得了一定成效，但是暂时仍然无法撼动煤炭"一家独大"的现状。

（三）能源分布不均匀

我国能源分布特点是南比北多、西比东贫，品种的分布是北方煤炭、南方水、西部石油、天然气。为了平衡能源分布，形成了北煤南运、西气东输以及西电东送等长距离运送格局。全国煤炭绝大部分位于我国北部，尤其是山西、内蒙古、陕西这三个省，煤炭储量占到煤炭总量的64%；石油和天然气主要分布在西北、华北、东北地区，达到全国总量的80%，虽然我国石油总量位居世界第九，但是石油消耗量巨大，出现供不应求的局面,在2014年进口量超过美国,成为世界上最大的石油进口国;在清洁能源方面,太阳能主要分布在西藏、新疆、宁夏等地,它们在世界上都属于太阳能资源丰富的地区。

(四)能源利用率低

目前,我国对于能源的消费量只增不减,部分能源储备已经告急,然而能源的使用效率却一直不高,造成了极大浪费。燃煤的火力发电还是我国主要的发电形式。在欧洲等发达国家,火力发电能源利用率可以达到45%以上,而我国的火力发电能源利用率仅有33%左右。据统计,我国对于能源的使用效率在世界上排第74名,因此我国在节能减排方面任重而道远。能源效率如此低下的主要原因是:一方面我国对于能源效率的认识不够,不能真正意识到能源消耗带来的严重后果,随着市场经济的发展,人们过于追求经济增长而忽视能源消耗与破坏;另一方面,由于我国现在对于能源利用方面的技术装备落后、科研人员水平有限、使用方法老旧,在一定程度上限制了能源的高效使用。

(五)能源消费与环境不协调

首先,煤炭作为我国的主要消费能源,为我国发展带来了非常积极的作用,然而近些年来煤炭消耗逐渐显示出许多弊端。"煤炭"并不可怕,可怕是它燃烧后产生的二氧化碳(CO_2)以及一氧化碳(CO)等其他含碳的化合物,这些物质进入大气,会造成难以挽回的环境污染。就二氧化碳来说,其是"温室效应"的"元凶",每年大气中的二氧化碳含量都在以可怕的速度增长。据世界气象组织观测,2014年4月北半球当月二氧化碳浓度达到春季有史以来的最高值,超过400ppm,而在工业化以前,二氧化碳浓度仅为278ppm。二氧化碳造成的温室效应危害已经十分明显,海平面升高、气候异常、海洋风暴增多、动物们面临无家可归的威胁等等。其次,近年来,"雾霾"成为人们关注的焦点。雾霾中含有大量的$PM_{2.5}$,作为固体颗粒污染物,$PM_{2.5}$容易引发心血管疾病、呼吸道疾病以及肺癌等。雾霾主要是化石燃料和垃圾的燃烧形成的,在我国冬季,燃烧煤炭是最主要的取暖方式,因此冬季成为雾霾的高发期。最后,我国于20世纪80年代开始着手建造核电站,据统计,2021年,核能发电占我国发电总量的2.3%,然而核电站的运行却不能有半点偏差。核反应时会产生大量放射性物质,如果泄漏到外界,会对周围的生态环境造成危害。2011年3月12日,受九级大地震的影响,日本福岛核电站发生泄漏,不仅造成周围居民大量死亡以及孕妇产下畸形儿,而且即使两年后,也仍有29万灾民无家可归,同时周围水域被大范围污染,致使放射物质随着水流进入别的国家。

二、我国能源消费优化策略

（一）合理规划能源结构

重新架构一个合理、切实的能源结构是解决我国能源消费方面问题的关键。只有降低煤炭能源在我国能源消费中的比重，提高清洁能源的使用，才能有效转变能源结构。为了控制煤炭能源的使用，第一，我国应该限制每年煤炭资源的开采量，对煤炭开采进行有效监督，防止私人企业滥开滥采。第二，鼓励民众少使用煤炭。在政策方面，国家要有强而有力的措施，严查重工业企业是否有滥用能源的现象，如果发现企业私自过度使用煤炭而造成环境污染，应给予严厉惩治。第三，地方政府要积极配合工作。为了限制煤炭能源的使用，我国应该根据国情，重新对煤炭价格进行优化，可以参考国际上的煤炭价格，做出合理调整。在减少煤炭能源使用的同时，大力提倡使用清洁能源，如水能、风能、太阳能、生物质能等。第四，虽然核能存在巨大的潜在风险，但是核能能量高、能源利用高、利大于弊，我国应该着重于核能的开发与利用。以清洁能源为主、多种能源同时发展应该成为我国能源结构转型的主要目标。

（二）大力发展可再生能源

当前的国际社会共识就是多利用可再生能源，增加能源使用的次数。与一次性能源相比，可再生能源资源丰富，利用率高，同时因为是环境友好型，所以应该成为未来的主要能源。当今世界，全球最成熟的可再生能源当数太阳能和风能，可再生能源技术发展最快的地区就是欧盟。目前全球的能源利用趋向于以风电、光伏发电和生物质能等可再生能源为主。我国目前可再生能源的发展仍处于初级阶段，能源消耗主要还是以煤、石油、天然气等不可再生能源为主。关于可再生能源的相关法律法规还需完善，开发技术有待提高，同时可再生能源开发成本高，使得其目前规模较小，难以形成稳定的市场需求。因此，大力发展可再生能源的产业和市场，全面推广可再生能源的使用，已经成为能源开发的当务之急。

对可再生能源的开发，会提高我国对土地以及能源的利用率，帮助三农产业发展，改善本国农作物框架，扩展农民收入方式，加快农业发展，有利于我国发展和生产新的工业。扩大我国可再生能源产业规模，既能够促进建设社会主义新农村，也能增加社会和经济收益。

全球有种类丰富的可再生能源资源，相比太阳能、地热能、水能、生物质能、海洋能等，风能由于分布广泛，更加容易得到，并且成本很低，所以被世界各国大量利用。我国发展风能几十年来，取得了极大进步与突破，拥有全球数一数二的发电量、机器总量以及风力发电厂数量。我国已经开始把风力发电转变为商业结构，由于一次投资风力发电成本比较高，其每年运行时间较短，因此刚开始时投资压力很大，需要国家通过一些政策来鼓励发展风力发电。地方政府要出台相关政策补贴风力发电，以此鼓励企业多加利用风力资源，也要加大对科学研究的投入，促进科技创新，让风力发电设备及时更新换代，以此加速风力发电的推广。

我国位于北半球，国土广阔，拥有大量太阳能资源，尤其是西北地区，经济发展相对落后，更应该完全利用此地大量太阳能资源，采用太阳光发电技术发展经济，提高人民生活水平。现在，太阳能发电已经成为主要研究重点，国家应该不断加大对太阳能开发的科研投入，使其能够得到普遍应用。太阳能是一种清洁环保能源，其不会释放二氧化碳等有害气体，太阳能的开发和使用会最大限度改善生态环境，有效缓解全球变暖问题。

（三）提高能源利用率

提高能源利用效率，需要全社会的共同努力。首先，国家要加大能源方面的科研投入，在经费上、政策上给予支持，引入先进设备，吸引优秀人才。不仅要对做出突出贡献的研究人员给予奖励，而且要向发达国家学习先进经验。在西方，有很多发电厂都采用了新型设备，使用了更为先进的储能方式，大大提高了能源利用率，我国可以对现有的发电系统进行合理改进。其次，国家应该对企业进行监督。我国存在许多高耗能的化工企业，其不仅管理模式有缺陷，而且创新能力不足，造成产能过剩。国家应该通过监督，要求其进行产业改革，合理使用能源，拒绝使用劣质能源。最后，企业应该改进其管理模式。从当前角度来看，企业相关职能部门以及社会各级政府应该尽可能发挥市场机制作用，认真扮演市场"催化剂"与"维护者"的角色，给化工行业创造一个良好的对外开放的环境。总之，化工企业是推动我国经济发展的重要部分，各级政府应该加大在政策上的扶持力度，严格规范国内市场竞争环境，打破地方保护主义，提供资金来支持化工企业的产业改革，并且为走向国际的企业提供保障。

（四）加强国际能源合作

从我国与世界各国的能源合作来看，2020年12月，在北京举行的2020中国国际能源大会暨国际能源合作创新论坛现场，粤港澳大湾区国际能源交易中心国际能源现货交易平台正式上线试运行。该平台支持开展石油、天然气、煤炭、成品油、燃料油等十余个品种现货交易。当天，粤港澳大湾区国际能源交易中心还与美国可持续发展中心建立全面战略合作伙伴关系，在基于能源数字转型的基础上，努力开拓新的合作领域。美国可持续发展中心主席米切尔·F.斯坦利表示，粤港澳大湾区国际能源交易中心将成为促进中美两国商品和服务贸易的重要平台，为中美两国实现共同繁荣和环境效益架起新的桥梁。在推动国际能源合作方面，我国一直做着坚持不懈的努力，并且取得了可喜成绩。

煤炭资源是我国使用最广的能源，石油是对我国发展最为重要的能源。石油能源作为我国的战略物资，为我国的经济社会发展带来了不可比拟的积极作用。然而，我国一直是一个石油资源短缺的国家，大部分石油资源依靠进口，目前我国石油进口量已经达到总消耗量的72.5%左右，其中有50%左右的石油来自中东。我国石油缺口逐年增大，前景非常严峻。美国现在进入页岩气革命时代，其对于石油的需求将会减少，但美国是世界上石油储备较为丰富的国家，对于我国来说，这是一个难得的机遇，中美之间对于石油的竞争关系将可以得到改善，双方可以加强国际合作，达到互利共赢。

为了加强与其他国家的能源合作，我国应该积极推进与世界各国的合作，从政治、经济、文化等方面做好工作。同时，我国作为世界贸易组织的一员，应该鼓励企业"走出去"，支持国内企业与国际企业合作，提高国有企业在世界能源方面的话语权。能源合作是一个长期并且缓慢的过程，我国应该实现合作多元化，建立一个多方面、全方位的石油供应体系。在保障自身能源安全的前提下，根据世界经济、政治以及能源状况的变化，实施符合我国国情的能源合作发展战略，继续加强与中东各国、中亚各国以及俄罗斯等国家的深入合作。

（五）完善相关法律法规

我国作为发展中国家，存在各种各样的限制，所以不可能倾尽全力使用新材料和新技术来解决环境问题。对我国而言，在前期应该致力于完善相关法律法规，加强对企业的监督和管理。首先，完善相关政策，促进产业结构优化，主要支持新型技术产业以及服务业，限制对能源、材料、水资源消耗巨大的产业，淘汰落后产能，努力在根本上实现经济发展方式的转变；其次，鼓励节能工程，把节能项目设为重点项目，大力推广高效节能产品；最后，完善相关环境保护法律，加大监管力度，坚决反对只重经济而忽略环境的做法。

（六）加大节能环保宣传力度

除了要加强政府监管力度之外，还可以用各种各样的方式来宣传节能环保的重要性，以此增强全民节能意识和环保意识。首先，大力推广节约资源和保护环境的理念，逐渐引导人们改变消费模式，使其变得健康、文明、节约。其次，在义务教育、高等教育、职业教育等阶段加大力度宣传节约能源和环境保护的思想，利用报纸、电视、网络等媒体，大力普及节能环保知识，鼓励社会各界参与，促使全社会形成节能和环保习惯。最后，政府要多向人们普及节能减排相关知识，支持节能环保行为，鼓励人们在日常生活中践行节能减排。如果全国的照明灯具全部换为节能灯，那么每年全国能够大约节电600亿千瓦时；反之若要生产这么多电，就需要300亿公斤煤炭。因此，节能减排不能仅仅依赖于政府单方面的推动或者大多数企业的落实，还需要社会各界的参与。

现如今，我国正处于经济飞速发展的时期，势必会加大对能源的消耗，为了保证经济的可持续发展，我国应该认清能源消耗的现状，对症下药，采取有效措施减少一次性能源的使用，大力发展可再生能源，迎合当今世界能源发展趋势，响应时代要求，将"开源""节流"道路坚持走下去。

第三章 节能减排理论研究

第一节 建筑节能减排的难点

随着时代不断发展，人们生活水平逐渐提升，对于资源与能源的需求量逐渐变大，导致我国资源与能源逐渐出现紧张情况，并且对于环境的污染较重，进行有效的节能减排是现阶段的重要任务。建筑行业节能减排占我国节能减排比重较大，虽然现阶段我国建筑节能减排已经取得有效的成绩，但仍旧存在许多不足之处，影响实际的节能减排效果。

一、我国建筑节能减排的意义

当前的时代背景下，我国经济迅速发展，对于能源的需求量逐渐增大，例如，我国石油能源消耗量居于世界第二位，在大量消耗的背景下，导致环境问题日益严峻。在使用石油能源的过程中排放出的气体，可以形成酸雨等有害情况，对环境造成严重的破坏，同时加剧温室效应，影响人们的生活环境。建筑节能减排是缓解现阶段能源问题与污染问题的有效方式，通过提升能源的利用效率，降低能源的损耗，并减少有害物质的排出，促使建筑、经济与环境三者之间处于平衡状态，满足当前时代的发展需求。建筑节能减排的实施，促使我国绿色建筑数量增加。在建筑施工过程中，合理使用绿色可再生材料，保证施工建筑无污染，同时降低不可再生材料的利用，从整体上提升城市的环境质量。与此同时，促使低碳环保建筑技术发展，从施工的基础上进行改善，推动我国建筑行业绿色发展。

二、现阶段我国建筑节能减排的难点分析

（一）管理体系不健全

现阶段，在建筑节能减排过程中，相关的管理部门重视程度不足，导致管理权限交叉问题频繁发生。与此同时，建筑节能减排工作涉及的管理环节与管理内容较为复杂，管理体系不健全，在管理过程中经常出现管理缺失情况，进而影响建筑节能减排效果，难以满足当前需求。

（二）施工成本较高，施工企业难以实现技术普及

当前，我国建筑节能减排技术还不够完善，部分技术落后，在实际的应用过程中，需要较高的施工成本，施工企业自身负担较重，增大建筑成本，企业在销售过程中，难以获取较大的经济效益，直接影响技术推广。

（三）对于建筑节能减排认知不足，建设积极性不高

虽然近年来积极宣传绿色环保理念与节能减排理念，但部分群众对于建筑节能减排仍认知不足，对于绿色建筑的购买欲望较低，间接影响施工企业的建设积极性，建筑节能减排的应用通常处于形式化状态。

（四）建筑节能减排主体复杂，民用技术空白

建筑节能减排涉及的主体较为复杂，包括施工企业、消费者、政府部门等，在节能减排开展过程中经常出现违规情况，影响实际的效果。与此同时，民用技术应用力度不足，未发挥出自身的作用，难以满足实际需求。

三、我国建筑节能减排难点的有效应对策略分析

（一）建立完善的监管体系

完善的监管体系是保证建筑节能减排有效发展的基础，因此，在行业发展过程中，相关工作人员应积极地进行管理体系完善，加强对建筑节能减排的监管。例如，管理部门充分利用自身的权限，以保证建筑自身的质量为基础，促使建筑管理工作有效地进行。具体来说，可以从以下几方面开展：

（1）对于现有的监管体制进行合理的创新，通过不断的理顺，从建筑源头上进行监管，进而保证建筑节能减排高效的开展。同时，促使各级政府达成良好的共识，共同建立完善的管理体系，明确建筑节能减排的重要性，保证工作高效的开展。

（2）完善现有的相关法律，对于不适应现阶段的法律进行合理的调整，并添加符合当前行业发展的法律法规，为建筑节能减排的发展奠定良好的基础。同时，受行业自身的性质影响，在实际的工作过程中，单纯依靠建筑施工企业是难以实现的，需要多部门协调配合，才能产生良好的效果。

（3）结合实际情况，建立良好的监管机构，利用机构自身的权威性，促使其在不断的发展过程中，逐渐推动建筑节能减排的实施。与此同时，在技术应用过程中，应结合实际的情况，选择最佳施工技术，保证合理性与科学性，以符合现阶段建筑节能减排的特点。

（二）积极进行技术研发，降低技术施工成本

现阶段，人们生活水平逐渐提升，自身的环保意识与节能减排意识不断提升，使我国当前的绿色建筑数量逐渐增多，但在新技术的创新上却难以跟上时代的发展，部分企业在施工过程中，依旧采用传统的施工技术，影响施工的质量与成本。因此，在当前行业迅速发展的背景下，应积极进行技术创新，从新技术、新能源以及新材料等方面进行创新，加快我国建筑节能减排技术的推广与普及，促使建筑适应当前的环保需求。在新技术研究过程中，相关部门应加大支持的力度，给予良好的政策支持与资金支持，通过借鉴国外先进的理念，创新我国现有的技术，使技术逐渐达到世界先进水平行列，满足当前时代的需求。合理进行技术创新研究，可以从根本上改变当前技术成本较高的情况，直接降低施工单位的成本支出，满足时代的需求。

（三）加大宣传力度，促使施工企业积极进行节能减排

建筑节能减排技术的应用与推广离不开宣传，因此，为推动我国建筑行业实现绿色发展，应加大宣传力度，宣传建筑节能减排的意义与作用，提升人民群众对建筑节能减排的认知，增加对节能建筑的消费，进而促使企业积极进行建筑设计与建设，以此促使我国建筑节能减排稳定发展，达到保护环境的目的。进行有效的激励措施如给予不同的政策补贴等，可以鼓励消费者进行节能建筑消费，从根本上促进建筑节能，降低能源的消耗。

（四）充分发挥民用技术的作用，积极推进节能减排

民用技术对于建筑技能减排的发展具有良好的促进作用，因此，在当前的时代背景下，应充分发挥民用技术的作用，并加强各个环节的监管力度。例如，在建筑的质量验收环节中，利用该技术对建筑的能耗标准、能耗等级等进行有效的监管，促使建筑自身的质量符合绿色建筑的标准，进而推动我国建筑行业绿色发展。同时，应将监管贯穿施工的整个过程，保证图纸设计、实际施工、施工管理、竣工检验等各个环节均符合绿色节能减排施工标准，并建立完善的监管方案，保证建筑质量。

综上所述，在我国建筑节能减排发展过程中，相关工作人员应进行合理的技术创新，并加大监管力度，积极进行有效的宣传，促使人们明确建筑节能减排的意义与作用，促进施工企业提高绿色建筑施工的积极性，合理解决当前行业发展中的难点，迎合时代的需求。

第二节　节能减排与环境保护

随着社会经济的持续发展和进步，我国人民对居住条件和生存质量提出了新要求，环境意识和节约意识不断增强。当前，国家日益重视生态保护和节能减排工作，将生态保护、节约资源作为经济建设和行业发展的重要指标，提出建设和谐型、友好型以及节约型社会，突出强调生态文明在经济发展中的重要地位，从而实现生态环境和经济建设的共同发展、和谐发展以及友好发展。

一、节能减排和环境保护的迫切性

随着我国工业化的不断推进，城市化程度不断加深。但是，许多城市仍然主要采取数量型、粗放型以及外延型经济发展模式，以牺牲生态环境和自然资源为代价换取经济和社会的高速发展，在经济发展中没有综合考虑资源价值和环境因素，以掠夺的方式对自然资源进行无限制的利用和开发。其向生态环境大量排放废弃物和污染物，造成了生态环境污染和自然资源浪费，对社会的可持续发展十分不利。

随着城市人口数量不断增加、城市规模持续扩大，工程项目的数量和规模也相应增加。在工程建设中，很多企业对节能保护缺乏重视，片面强调经济效益，施工中产生的

大量粉尘、废水和噪声对环境造成严重污染，环境污染和能源浪费已经成为制约建筑行业健康、稳定发展的重要因素。

二、当前环境保护和节能减排工作存在的几点问题

（一）缺乏节能创新能力

当前，部分企业严重缺乏节能创新能力，公司责任人以及技术骨干人员对于节能环保缺少正确认识和足够重视，企业在生产中基本都是引进整套的施工设备，没有结合自身实际情况以及工程需要进行节能改造。同时，一些企业虽然积极引进国外的一些先进节能技术和节能设备，但是技术转化为效益需要一个漫长的过程，在此过程中，如果企业对环保节能的投资处于被动状态，则不利于企业主动开展节能技术创新。

（二）节能环保约束和激励政策急需改善

随着经济建设的蓬勃开展，国家将发展重心放在环境保护和节能减排上，对节能环保的重视达到了全新的高度。但是，部分节能环保政策并没有取得预期的效果，节能减排和生态环保的约束和激励政策存在缺陷，考核机制和评价体系尚未完善。

（三）企业没有全面落实环保节能工作

首先，企业领导和责任人对环保节能工作缺乏正确的认识，没有给予其高度重视，导致各项环保节能工作难以有序开展。其次，在缺乏人才和资金支撑的前提下，环保节能工作难以落实到各个工作环节，这就在一定程度上制约了节约型企业建设。

三、新形势下节能减排与环境保护的实施路径

（一）加强环保与节能评估

首先，各级政府要鼓励当地企业树立环境保护、节能减排意识，以意识为行动指导，对企业的能源利用方式进行优化和改进，提升能源的利用、转化以及生产效率，将节能减排意识贯彻到企业的各个生产环节中。其次，要以资源化、再利用、减量化为重要原则和行动指导，以高效率、低排放、低消耗为评估参考，建立节能减排审查制度和节能评估小组，对当地重点企业进行能源评价，起到监督和指导作用。最后，要明确规定节能减排工作指标，并且将指标作为环评的前提条件，对没有达到指标或者超出指标总量

的企业给予处罚，对于污染物排放严重的建设项目要立即停顿整改。

（二）注重环保与节能考核

首先，政府要将节能环保工作纳入当地经济发展评价体系中，并且将其作为对企业负责人、领导干部业绩考核的关键内容，积极推行一票否决制和问责制，提升领导干部和企业负责人对节能环保工作的重视程度。其次，要以现有的环境监测和节能监测部门为主体，加速建设、完善环保监测和节能监测网络体系，充分发挥信息技术和大数据技术的作用，建立污染物排放监测网络系统，针对本地区出现的环境问题和节能问题制定有效的应对措施。最后，对国家和行业重点污染源要加大监控力度，并且实现在线动态监控，积极构建污染物三级监测体系，实现信息数据公开化、透明化，向公众公开监控数据，主动接受来自社会的监督。

（三）加速技术创新和行业调整

首先，要鼓励建筑公司自主创新，在生产实践中探索环境保护和节能减排的新途径和新方法，建立减排降耗和生态环境基金，以资源循环高效利用为核心，积极组织企业开展系统化技术、资源化技术、再利用技术、减量技术和替代技术等项目的研究，努力突破限制经济循环发展的技术制约。其次，积极转变建筑行业发展模式，将行业调整作为环境保护和节能减排的战略重点，实现建筑行业结构升级优化，促使高耗企业建立环保型和节能型体系，降低企业在生产中的能源消耗，减少污染物排放，关闭缺乏安全条件、污染环境和破坏资源的建筑企业。

（四）加强约束和激励机制建设

首先，政府相关部门需要建立、完善环境保护法律法规，对重点企业加大监督力度，提升环境保护工作的执法成效，建立环保监察小组，对节能环保开展专项检查，对存在的违法违规行为给予严厉处罚。其次，要尽快实施和出台有关节能环保的金融、财税以及价格等激励政策，发挥市场机制的积极作用，将环境保护和能源节约落实到企业生产中。银行也要推行绿色信贷，给予建筑行业环保节能工作以信贷支持，防止出现重复建设和盲目投资的情况。最后，政府要提升环境污染的违法成本，改变违法成本低、守法成本高的现象，在区域内积极开展节能环保、生态治理工作。

（五）推进企业开展节能环保工作

首先，企业的主要责任人需要起到模范带头作用，自觉学习有关节能环保的政策文件，并且将环境保护和节能减排作为企业日常的重要工作常抓不懈，实行各级领导负责制，将节能环保任务层层落实，引起基层干部的重视。其次，企业需要结合自身的具体情况，完善节能环保工作的管理制度，将环境保护和节能减排工作落实到各项生产施工环节中，以管理制度为工作开展的依据。政府要发挥服务、监管和引导职能，促使企业更好地落实和开展节能环保工作。最后，企业要以技术创新为开展节能环保工作的驱动力，加大对环境保护和节能减排的资金投入力度，引进先进节能的施工设备和施工技术，组织技术人员结合施工具体情况改进设备、优化工艺，在减少环境污染的同时，进一步节约能源，建设节约型企业。

在我国经济快速发展的大背景下，生态环境的破坏和自然资源的浪费，严重制约了社会的可持续发展。建设节约型、环保型社会不仅是政府工作的重要内容，同时也是每个人、每个行业需要承担的责任和义务。建筑行业作为我国重要的支柱型行业，需要重视对能源的循环利用，积极利用新能源，通过各种有效途径全面落实环境保护和节能减排工作；重视节能环保文化的宣传，实现行业的绿色以及可持续发展，为我国经济发展和生态文明建设做出贡献。

第三节　循环经济与节能减排

当前，在我国经济发展的推动下，各行各业的发展日新月异，与此同时，对于能源、资源的需求也越来越大，致使我国能源、资源短缺问题日益严重，同时环境污染也越发严重。随着未来经济的发展，这种现状依然会加剧。面对这种严峻的形势，在促进我国经济持续增长的前提下，需要使节能减排与循环经济发展相结合，从而促进我国经济社会的可持续发展。

一、节能减排对发展循环经济的重大意义

（一）节能减排能够推进生态文明建设

近几年，在我国社会经济发展的同时，人口增长与资源以及环境问题的矛盾日益凸显，当前我国生态环境破坏以及污染极其严重，为了有效缓解这一现象，需要在促进经济增长的同时建设环境友好型社会，要加大节能减排力度，同时减少废弃物的排放量，从而大力推进我国生态文明建设。

（二）节能减排是应对全球气候变化的迫切需求

当前，全球气候变暖形势越来越严峻，致使这种现象出现的原因之一就是石油、煤炭等燃料的使用量加大，使二氧化碳排放量不断提升。全球气候变暖造成的危害较为严重，不仅影响着粮食安全，同时会对人类的生命安全构成威胁，影响社会经济的稳定发展。面对这一现状，全人类需要高度重视。对此，实现节能减排极为关键。坚持以人为本的发展理念，遵循循环经济的发展需求，积极探索出一条低消耗、低排放、高效益、高产出的新型工业化道路，有效缓解全球变暖问题，最终实现环境与经济的持续、协调发展。

（三）节能减排是应对资源稀缺与环境承载能力不足问题的必然选择

就我国目前现状来看，城市化与工业化水平日益提升，加大了对重工业的重视程度，以至于能源消耗较为严重，污染物排放量日益增加，面对这种情况，需要改变传统的高投入、高消耗、高排放、低效率的增长方式，同时加大对清洁、可再生资源的使用力度，防止资源紧缺现象恶化，全面提升环境的承载能力，实现科学发展。

二、节能减排与循环经济发展的对策及建议

（一）强化法治建设

为了实现节能减排与循环经济的协调发展，首先需要保证制度不断健全，只有强化法治建设，才能促使协调发展全面落实。我国颁布的《循环经济促进法》中对于产业结构调整以及节能减排的相关政策有了明确规定，其中涉及财政、投资、税收、市场准入等内容，从而为我国社会经济的持续发展提供了制度上的支持。另外，《循环经济促进法》中还提出了建立循环经济规划制度，建立以生产者为主的责任延伸制度，建立抑制资源浪费和污染物排放的总量调控制度，强化产业政策的规范和引导，强化对高耗能、高耗水企业的监督管理，明确关于减量化的具体要求、关于再利用和资源化的具体要求，建立激励机制，建立法律责任追究制度等，同时提出了一些有效的节能减排措施。

（二）加快调整和优化产业结构

为了促进循环经济的发展，必须加大第三产业的发展力度，不断调整以及优化产业结构，实现分工具体化、专业化，从而使社会效率大大提升。在服务业发展过程中，需要坚持以人为本的基本原则，了解并满足人们的实际需求，为人们提供便利。同时对于高新技术产业需要实行有效的发展策略，促进产业升级，使工业化水平不断提升。另外，对于那些生产技术较为落后的设备以及工艺技术需要及时淘汰与更新，从而促进经济更好、更快地发展。

（三）转变经济增长方式

为了实现节能减排与循环经济的协调发展，还要转变我国经济增长方式，由传统粗放型转变为集约型。在一些地区，由于经济较为落后，不重视重工业的发展，对此，在对经济增长方式进行转变的时候，需要严格按照因地制宜的原则进行。

（四）加强教育，依靠全民参与

为了实现节能减排这一目的，需要全体公民参与。首先，培养全民的节能减排意识，加大宣传教育力度，通过媒体开展宣传工作，使节能减排意识深入人心。其次，积极开展节能相关工程，比如节能改造工程、节能技术产业化示范工程等，以此推动节能减排工作的全面进行。

（五）加强新能源开发，促进技术进步

通过加强新能源开发，促进技术进步，推动节能减排与循环经济的共同发展。在开发新能源方面，需要加大对可再生资源的利用程度，比如风能、太阳能、地热能等，这些能源不仅取之不尽、用之不竭，同时属于清洁型能源，有助于实现节能减排的目的。同时还要不断完善新能源技术创新体系，研发新能源的使用模式，促使产业实现持续发展。

总而言之，为了实现节能减排与循环经济的协调发展，首先需要对其重要性进行全面了解，同时转变发展思路，实施有效的发展手段，提升技术力量，从而全面实现我国经济发展的可持续发展。

第四节 建筑工程技术及节能减排

为了更好地满足社会发展的需求，建筑行业需要重视工程技术管理。建筑工程技术管理是工程中必不可少的部分，在建筑工程中占据着非常重要的位置，其管理质量会直接影响到工程的质量。将节能减排与工程技术管理进行结合，能够对建筑工程的施工效率进行提升，还能减少浪费，在保护环境的同时实现建筑业的稳定发展。

一、建筑工程技术管理的必要性

在建筑工程项目建设期间，工程技术管理工作能够发挥很多作用，对提升项目建设的效率和缩短项目工期都有重要的影响。一般来说，技术管理贯穿于整个工程建设的始终，能够为项目的建设和发展创造比较良好的环境。此外，工程管理技术的水平还与建筑企业未来发展方向以及发展潜力有着密切的关系，为了更好地适应当前市场经济的发展，必须对建筑工程的积极性和活跃性进行提升，实现整体技术水平的有效提升，从而使建筑单位的社会效益和经济效益得到有效保障。

（一）促进建筑业的可持续发展

在建筑行业的发展中，有效的建筑工程技术管理能够对工程施工效率及施工质量进行提升。除此之外，还能够促进节能减排目标的实现，对建筑行业的可持续发展具有重要的推进作用。

（二）提升建筑工程质量和使用效益

建筑工程一般都具有比较大的建设规模，并且投资比较大，具有周期长的特点，工程项目一旦完成，就需要支撑其几十年的使用，因此需要使工程质量得到保证。想要对建筑工程技术管理和应用进行强化，要采用有效的施工材料和技术，进一步保证施工质量。建筑工程在完成之后，在使用中一般都会产生一定的能耗，通过强化工程技术管理可以降低能耗成本，提高建筑工程的使用效益。

二、建筑工程技术管理中存在的问题

（一）工程技术管理制度有待完善

部分建筑工程企业中缺乏管理制度的有效约束，没有对管理工作的内容和相关部门进行明确，很容易影响到责任的划分，导致权责不明的现象。再加上缺乏有效的制度控制，施工队伍在施工的过程中容易出现不按照相关规章制度施工的问题，会给施工质量造成不利的影响，最终影响工程的使用寿命。

（二）资源分配工作缺乏统筹性

对于建筑工程来说，如果缺乏相关的管理制度，就会给施工企业的资源分配工作造成不利的影响，进而影响资源的高效利用。同时，在工程施工中缺乏对图纸和设计的审核，在人员应用方面缺乏规范性，容易导致出现浪费的现象。另外，对资源的不当利用会在无形中给施工质量造成不利的影响，进而给工程的后续施工和使用埋下一定的隐患。

（三）容易造成周边环境的污染

在建筑工程技术管理中进行节能减排能帮助工作人员对建筑方向、进度和用料进行良好的规划，还能提升工作人员对绿色环保的重视程度，有效保证整个工程施工的环保程度。在建筑工程技术管理中如果不采用节能减排的技术，就容易出现尘土飞扬的问题，同时也给施工规划造成不利的影响。

三、建筑工程的技术管理

（一）加强图纸的审查管理

图纸的审查是工程技术管理中的重要内容，是建筑施工的关键性参考依据，对整个施工的顺利开展具有指导性的作用，因此需要严格实施。首先，设计人员在对图纸进行设计的时候，要对周边的环境进行勘查和研究，将实际情况与设计理念进行结合，科学设计图纸，对设计中容易出现的问题要进行及时的整改，进一步提高图纸的精确性；其次，现场的质量管理人员需要做好监督，在施工开始之前要对图纸进行审校，对图纸中存在的问题进行详细的标记，与各个部门的专业人员进行沟通，避免出现纰漏；最后，施工中的所有单位都要做好沟通和协调，对图纸进行积极审查并且讨论和解决相关问题，为后期施工的顺利开展打好基础。

（二）做好责任的明确和划分

在施工的过程中，施工人员要对自身的岗位责任和义务进行明确，执行好自己的工作任务，避免出现施工问题。建筑企业需要对施工管理进行强化，做好责任的合理的划分，制定权责统一的管理制度，让施工人员可以科学施工，并且对自身岗位工作保有一定的热情。另外，还可以制定相关的激励和惩罚机制，对施工人员的工作积极性进行调动，让施工人员根据自身的工作目标进行工作，进而更好地促进施工的有序开展。

（三）强化各分项工程的管理

想要保证建筑工程的顺利实施，需要重视工程施工的各项准备工作，做好系统性的管理。一般来说，要制定详细的施工方案，各分线工程要做好相关的准备，其中包含施工准备、施工验收和施工过程控制等，只有经过相关单位的认可之后才可开工或者进行下一步施工。

（四）加大施工成本和进度管理

在建筑工程施工的过程中，相关施工人员需要对项目的成本和进度进行合理的控制，进而实现对整个工程的合理管理。在施工的过程中，想要对施工队伍的整体效益进行提升，减少不必要的开支，相关的管理人员就需要制订科学、合理的施工计划，对各方面的成本和进度进行管理。

（五）强化建筑材料的有效管理

首先要重视材料进场前的管理，对施工的有效性进行保证。在材料进场之前需要对相关的厂家进行一定的考察，对商家的资质和材料的质量进行严格的检查，严禁不合格的材料进场；对于已经进场的材料，要在监理单位的监督下进行现场取样，做好进一步的抽检，避免出现问题；其次要重视材料使用过程，做好技术交底工作，保障建筑材料的合理应用，避免出现丢失和损坏的现象。

（六）规范对人员的管理

首先要对基层的建筑人员进行规范，因为建筑中的基层人员主要负责具体的施工内容，这部分施工人员大都来自各个地方，有比较复杂的背景，在理论知识和技能方面都会有所不足，容易对工程施工的质量造成一定的影响。对于这类基层建筑人员，除了要让其按照相应规章制度办事之外，还需要对其进行培训，增强安全意识；其次，要对项目工作人员进行管理，采取相应的策略来提升工程技术管理的水平。

四、建筑工程的节能减排对策

（一）做好节能减排理念的宣传

随着生活水平的不断提升，人们的节能减排理念也在提升。建筑企业相关负责人要对建设中的节能减排重要性进行积极的宣传，让广大人民群众都能意识到节能减排的作用，在实际施工中充分地发挥出其监督和管理的作用，广泛地使用节能减排技术，进而更好地促进工程项目的环保性建设。

（二）不断优化能源结构

在社会经济的不断发展下，节能减排已经逐渐成为我国发展的目标之一，建筑业也是如此，必须对能源结构进行优化。建筑施工企业需要结合当前的法律法规，采用环保化的技术手段来进行施工，避免使用高排放和高污染的技术方案，以实现能源结构的优化处理。同时还要重视能源的清洁度，与建筑的特征进行结合，加大对风能和太阳能的开发和利用，对能源消费模式进行优化，更好地促进建筑业的绿色发展。

（三）加大节能材料的使用力度

当前我国的自然资源储量已经面临匮乏，各行各业都在关注节能减排的问题，主要的目的就是减少资源的开采，提高资源的利用度，避免造成浪费。在这样的背景下，建筑行业也需要加大对节能材料的使用，进一步推动节能减排工程的发展。首先，设计人员在建筑工程的设计中，加大对新型建筑材料的应用，对建筑工程的环保性进行保证，同时达到更好的节能减排效果。比如在外墙施工中可以采用新型保温材料，在满足室内保温要求的基础上，还能减少对常规资源的依赖。在高层建筑中，要充分利用太阳能，为建筑提供热能，进一步促进节能环保。

（四）强化施工环境的污染控制

在建筑工程的施工现场容易出现环境污染问题，因此需要对其进行重视。首先，要对现场的扬尘作业和噪声作业进行合理的控制，在扬尘作业中要准备好相应的喷水设施。在开展施工的过程中，要尽量采用噪声低的设备或者选择合适的时段施工，避免给周边居民造成不利影响；其次，要重视现场的绿化，做好绿色施工，进一步预防扬尘问题；

最后，要对现场水源进行合理的利用，在进行平面布置的时候，与雨水排水设施相结合，通过收集和利用雨水达到节能减排的目的。

（五）开展节能技术培训工作

相关施工单位需要积极组织人员参加工程项目节能施工培训，提高施工人员对节能施工的认识，在相关法律法规的基础上对节能减排材料和技术的应用进行科学的讲解和培训，开展相关知识的专题讲座，提高施工人员的相关技术水平，从而更好地开展节能减排的施工工作，实现工程项目的合理发展。

综上所述，建筑工程的技术管理与节能减排是时代发展的重要使命，对提高资源的合理利用有重要意义。在建筑施工中，以科学化的技术管理为基础，落实绿色环保理念，对原有建筑施工中存在的问题进行积极优化，促进建筑工程项目质量的更好提升，同时也能推进建筑企业的可持续发展。

第四章 节能减排的发展

第一节 机械工业节能减排

我国是能源消费大国之一，而机械工业消耗的能源所占据的比例较大，是需要进行节能减排的重要方面。一些资源是不可再生的，若是一味地浪费将会对社会的发展造成极大的阻碍，因此，我国要注意机械工业的节能减排，这项工作可谓任重道远，需要各个机械工业部门的共同努力。

一、机械工业是耗能大户

机械工业是推动我国经济发展的重要产业之一，为我国的经济发展做出了卓越的贡献。机械工业的规模较大、耗能较多，是我国主要的耗能产业之一，并且机械工业耗能比重正在逐年上升，要引起相关产业人员的注意。在机械工业方面进行节能减排是我国的一项重要节能任务，十分艰巨。通过查阅资料发现，虽然经济发展的速率大于机械工业能源的消耗率，但是近几年，能源消耗上升的趋势给经济的发展带来了一定的负面效应，若是机械工业在能源消耗上不加以控制，则会在未来成为阻碍经济社会发展的重要因素之一。

机械工业产品耗能情况极为严重，电动机、变压器等设备的耗电量极大，大约是我国用电总量的70%，通电机械耗电量的比例在35%左右，总的来说，机械工业品的耗电比重较大，应予以适当控制。有关人员对这些情况进行了探析，并采取一定的节能减排措施，使单个产品的耗能量有所下降，提高了资源的使用效率，运用了电力电子技术对机械设备进行改进，降低了能源的消耗量，加快了节能减排的步伐。

二、机械工业节能潜力仍然较大

我国的各项发电设备耗能量虽然在总量上较大,但是在各个机械产品上仍存在一定的节能空间,例如:部分发电设备的耗煤量比一些国家的相似发电设备的耗能量低,若是再进行一定的技术改进,将会极大地降低发电设备的能源消耗程度;我国的工业锅炉在设计上还有一定的改进空间,在能耗上比先进国家高出 20 个百分点,节能空间较大;电动机的用电量在 4 亿千瓦左右,从总体上看,比先进发达国家的耗能量高 15 个百分点,通过一定的技术改进,每年可节约 5000 万吨左右燃料。

三、机械工业节能面临的问题和挑战

机械工业领域在产业结构升级方面存在着一定的问题与挑战。产业内部矛盾重重,阻碍了机械工业的节能减排进程。如今,多数的机械制造业都依靠实物来增长自身的收入,而对相应软件设备应用较少。机械制造业的成本优势已经在逐步转移,但是许多企业并没有做出相应的调整,沿用传统的机械工业模式已经不能满足当代的企业生产发展需求,并且对环境及资源的影响也比较大,使得机械工业发展速度呈现出放缓的态势。固定资产的投资加大、产能扩充的速度加快、高低端产品的供需比例失衡,企业的技术没有及时更新,致使能源损耗增多,结构问题是机械工业企业发展及节能减排的重要阻碍之一,要予以重视。

一些企业在技术革新方面做得不到位,产品的技术含量较低,对能源的消耗量过大,造成了一定的浪费。虽然我国也制定了相应的绿色能源政策,引进了许多先进的国外生产技术,但是总体的机械制造技术与国外先进国家的技术之间仍然存在一定的差距。机械制造部门多是进行中间品的加工,成套组装的技术水平较低,并且多数的企业都属于小产业,规模较小,没有形成自身的品牌,品牌效应较差,在市场上的竞争力也较低,因此,只能进行一些耗能量高、价值低的产品的加工,经济效应并不理想。许多企业都以粗放的经济模式来进行经营管理,这不仅加剧了同类企业的竞争,还使资源的消耗量过大,致使机械工业发展的上游成本不断加大,增加了资源的消耗量,使自然环境有所恶化。

四、机械工业节能对策建议

(一)推进技术进步,促进机械产品升级

政府要重视机械工业领域的发展,加大对其技术开发的投资力度,制定相应的工业节能减排政策,鼓励专业性人才进行基础技术的研发,并为工业机械的节能减排项目提供适当的资金,为其做好相应的物质保障,增强企业技术研发的积极性,帮助其建立相应的机械品资源节约基地,提高企业的自主研发能力。对节能减排技术进行改造,淘汰传统的高耗能装备,不断推广新工艺、新技术,加强对新工业产品的改造,使其更环保,在保证产品质量的前提下,践行节能减排的原则。对资源进行再利用,充分利用余热、废气等副产品,提高产品资源的循环使用率,增大资源的使用价值。

(二)调整相关政策,加速产业结构调整

政府要引导相关企业进行结构调整,将耗能高、效率低的机械设备淘汰掉;制定相应的节能法规,要求企业要按照政府规定进行生产制造;对违规者进行严惩,对节能型的油品、电气设备可以进行大力推广;政府要根据节能检测的标准对企业进行定期检测,对工人进行节能减排技术的培训,并对相应产品的节能工序进行探究,利用网络对相关机械部门的资源使用量进行实时监控,设定好标准值,企业要严格按照规定值进行生产,提高整个机械产品链的制造效率,降低资源的消耗量,在每个生产环节都要践行节能减排,从而实现大规模的资源节约。

综上所述,我国的机械产业在能源节约方面存在着巨大的潜力,企业要与政府联合,提高产品生产的技术水平,严格把控产品的能源消耗量,从而逐步实现节能减排的愿景。

第二节 纺织工业节能减排

节能减排，指的就是减少能源浪费和降低废气的排放。节能减排工作涉及行业企业发展的规划、政策、理念、战略、标准、金融服务、工艺技术、管理、经济效益等多个层面，关系到纺织行业企业的可持续发展和竞争力的保持。中国是纺织大国，长期以来，我国经济过多地依靠扩大投资规模和增加物质投入，这种粗放型经济增长方式与资源、环境的矛盾越来越尖锐，已经不能继续下去，纺织行业必须从根本上转变经济增长方式、走精细化管理和循环经济之路。具体到纺织企业，就是必须加强环境保护，积极探索节能降耗、减少污染的制造工艺技术，进行科技创新、清洁生产，循环利用，真正实现节能减排的目标，才能推动行业的可持续发展。

一、我国纺织行业能耗的现状

我国纺织行业的年总耗为6867万吨标准煤，由于高温排液大，热能利用率只有35%，年耗水量达95.48亿吨，新鲜水取用量居各行业第二位。而废水排放量居全国第六位，其中印染废水则占排放量的80%。印染企业的单位产品耗水量一般是发达国家的3倍左右，能耗是国外的3～5倍，而水的重复使用率却落后于制造业平均水平，仅为7%，国外水的重复使用率80%左右。另外，纺织行业还存在电力消耗高的问题，如纺织机械、化纤机械都是高能耗机械。据调查，每百米布用电量约为18kw/h，并且随着每年年产量的增长而大幅增加，我国纺织行业采用较多的电机驱动系统运行效率比国外低近20%，电力消耗问题十分突出。纺织行业增长方式仍以粗放型为主，多数产品缺乏高科技含量，附加值较低，仍以量取胜。

二、纺织行业推行节能减排相关措施

（一）实施产业结构调整

随着国际竞争更趋激烈，国内产业规模的扩大和市场需求的不断变化，资源、环境约束进一步加剧，行业长期积累的深层次问题日渐突出，面对国内外新挑战和现行行业结构存在的诸多不合理性，当前必须大力推进纺织行业结构调整，转变增长方式、促进产业升级。首先应加快技术结构调整，提高产品附加值；加大原料结构调整，实现原料的多元化；加快重点行业的调整，提高纺织资源利用效率，推进结构优化；以环保和节能为切入点，提升行业运行质量。由市场机制整合产能，培育优势纺织企业；大力推进自主品牌建设，创建具有国际性影响力的自主知名品牌。

产业结构调整与节能减排相互渗透，相互影响，相互促进的；产业结构调整是实现节能减排的根本，而节能减排的目标与根本途径是促进产业结构调整。

（二）大力推进技术进步

技术进步是节能减排的关键因素，是实现节能减排的重要途径之一。通过改进生产工艺，使用高效助剂，缩短工艺流程，采用低能耗、低污染排放工艺，实现节能减排的目的。当前，国际纺织技术的发展趋势是使用绿色制造技术、生产生态纺织品，要从工艺、助剂、设备等多渠道着手，抓住源头，注重生产过程中每一个环节的生态问题，努力优化纺织工艺，减少化学药剂、水、能源的消耗，以达到高效、高速、环保的目的。

1. 无水等离子体前处理技术

无水等离子体前处理技术即在不需要水和化学药剂的条件下，利用电压压差改善织物表面特性。其效果有：提高织物表面亲水性能，提高织物涂层、浸渍、胶合、凝结的黏合力，提高纤维的染色得色量、色牢度和印花的质量。

2. 超声波前处理技术

在退浆、煮练过程中，超声波能使浆料杂质大分子产生分离，促进浆料、杂质与纤维的沾着变松，而超声波的乳化作用可以提高浆料和杂质的溶解性。由于超声波的放热效应，可以为反应提供能量。用超声波进行前处理具有节水、节能、节时等优点。

3. 无水染色——超临界CO_2介质的染色技术

该技术上染速度快，染色过程短；非水染色，染后不必水洗和烘干，无废水产生，避免了大量废水带来的严重污染问题。保护了水资源，降低了能源消耗，且染色过程无有害气体排放。另外，残余染料可循环使用，提高了染料利用率。

4. 数码喷射印花技术

数码喷射印花技术又叫纺织品喷墨印花技术，与传统的筛网印花技术迥然不同，是通过各种输入手段（扫描仪、数码相机等）把所需的图案输入计算机，经电脑分色描稿系统（CAD）编辑处理后，再由电脑控制喷墨机直接将墨水喷射到织物上进行印花。它是计算机辅助设计软件与印染新机械共同发展的结果，是适应纺织印花个性化、小批量、多品种、高品质的发展趋势而发展起来的，可以说是印花工艺的一场革命。

(三）推行清洁生产

清洁生产是指通过各工艺之间的物料能量循环，减少物料能量的使用，达到少排放甚至"零排放"目标。清洁生产是经济发展的最终目标之一，是节能减排的重要途径。以下几种技术减少了高温污水产生量和污染排放量，实现纺织印染业污染防治以末端治理向源头预防转变，促进节能、降耗、减污、增效。

1. 活性染色湿短蒸染色技术

利用安装在反应蒸箱内入口处的远红外线辐射器，将经过染色液浸渍的湿织物预热，使织物迅速升温，经反应箱内少量蒸汽和干热空气的混合体而受热 2～3min 达到固色，使活性染料的得色率提高，并充分渗透、色泽匀称。据测定，活性染料常规焙烘工艺得色率为常规汽蒸工艺的 70%，而短湿蒸工艺的得色率又比常规汽蒸固色工艺高 10%～20%。常规应用这种工艺最大特点是流程短，固色率高，节能和减少化学药品消耗，可以不用尿素，减少污染，匀染和透染性也好。

2. 微悬浮染色技术

微悬浮染色新技术是我国的原创技术，该技术从染料分子在染缸中的聚集状态，到染料对纤维表面吸附模式以及染料分子向纤维内部的固着，均与常规染色有着本质的不同，为典型清洁生产工艺，该工艺上染率可达到 95% 以上。缩短了染色流程，节省染料并明显减少染色废水处理量，染色时间及能源消耗减少了 1/3，提高了生产效率，降低了能耗。已经成功运用于羊毛、羊绒、蚕丝、大豆蛋白和牦牛绒纤维的染色，今后将重点研究对纤维素纤维（棉、麻等）、再生纤维（粘胶纤维等）织物的开发应用。

3. 小浴比染色新技术

在印染工艺中采用小浴比染色技术，不仅可以加快上染速率，还可以在一定程度上提高固色率，因此可以大大减少用盐量，进行低盐染色，并可以提高染料和碱剂的利用率。一般来说小浴比染色至少有以下几方面的优点：减少能源和水的消耗；降低盐和碱剂用量；减少染料用量；有利于改善染色重现性。

4. 生物酶前处理技术

生物酶主要用于退浆、酶洗、抛光和羊毛的防毡缩处理。目前生物酶退浆技术已经成熟，该技术从根本上解决了退浆废水污染问题，但生物酶煮练技术还有待进一步研究和完善，酶技术染整设备也有待进一步提高。生物酶技术的应用从源头上减少和解决了纺织废水污染物的产生和排放。

5. 微胶囊染色技术

该项技术是涤纶染色清洁工艺，是将染料包含在微胶囊中，利用其缓释性能和隔离性能，在常规染色条件下，使水深入微胶囊中，溶解染料，使染料向外扩散进入染缸，呈单分子向纤维内部扩散。由于染料溶解度小，染液中残留染料少，排放的废水可回用于前处理工艺。该技术可节约用水50%以上，节能430千克标准煤/吨织物，从而大大减少废水的排放量，节约用水，节能效果明显。

（四）注重循环利用

日益增长的资源需求和废弃物排放等问题正严重制约着中国印染业的发展，注重循环利用，走科技含量高、经济效益好、资源消耗低、环境污染少和人力资源得到充分利用的新型工业化道路，对于纺织行业来说，是实现可持续发展的必由之路。

印染厂大量使用染料助剂、化学药品，很多可以综合利用，既有明显的经济效益，又降低了污染。

1. 淡碱回收——丝光淡碱循环利用

在用浓碱丝光处理纯棉、涤棉织物的过程中，会产生大量淡碱。通过淡碱回收装置，可将淡碱蒸发浓缩后重新利用，百米碱耗明显下降。

2. 浆料回收利用

随着化学浆料PVA、CMC等合成浆料使用的增加，一般微生物难以降解，给末端处理污水带来困难。采用化学法和超滤法可回收PVA浆料，用作重新上浆的浆料，亦可用作糨糊的原料。

（五）实现绿色管理

强化以可持续发展为目标的绿色管理就是将环境保护的观念融入企业经营管理的各个层次、各个领域、各个方面，以实现企业与环境、社会的协调发展。绿色管理顺应人类追求可持续发展的趋势，也适应世界各国对环境保护日益重视、相关法律法规愈加严格的要求，满足了人们追求绿色消费的需求，因此受到各国政府和企业的广泛重视。具体措施有如下几方面。

1. 优化能源管理，制定节能降耗奖罚制度

优化生产过程中的能源管理，进行能源审计，设立节能减排办公室。采用既严格又先进的管理制度，加强员工节能降耗意识的培养，全员参与，节约原材料、辅料的使用量，同时减少污染排放量。每天进行水、电、蒸汽能耗的计量考核，考核结果与车间、机台的产量、成本、员工的薪酬挂钩。如绍兴百利恒印染有限公司通过实行水、电、蒸汽三级计量管理，合理改进工艺和设备，并制定相关的考核奖惩制度，调动员工的积极性，使企业水、电、蒸汽单位成本下降幅度均达20%。

2. 积极获取绿色签证

国际标准化组织顺应世界保护环境的潮流，针对环境管理制定了一套国际标准，即ISO 14000《环境管理系列标准》，以规范企业等组织行为，达到节省资源，减少环境污染，改善环境质量，促进经济持续、健康发展的目的。ISO 14000适用于一切企业的新环境管理体系，取得ISO 14000认证，即意味着企业的绿色管理质量得到外部的认可，就等于取得了一张国际贸易的绿色通行证，不受任何绿色贸易壁垒的拦截。

3. 努力实现绿色制造

倡导绿色纺织理念，纺织企业应努力推行管理信息化，利用ERP、MES，以及纺织企业生产自动监测和管理系统，服装企业生产物流管理系统和现代集成制造系统等绿色技术，对生产过程每一个环节实行监控和优化，最终实现绿色制造的目标。通过使用和推广绿色纺织品，达到经济增长方式由粗放型向集约型转变的目的，实现纺织工业的绿色转身。

节能、环保、高效是21世纪纺织行业发展的方向，我国水资源日益短缺、环境不断恶化，能源消费加快，人均占有量低，我国经济社会要保持可持续发展，唯一出路是推行节能减排的方针。节能减排是当今纺织行业贯彻落实科学发展观、构建社会主义和谐社会的重大举措；同时也是建设资源节约型、环境友好型社会的必然选择，是推动我国经济结构转型、改变发展模式的重要战略途径，是纺织行业可持续发展的必由之路。

第三节 污水处理厂节能减排

经济的发展推动了城市化进程的加快，而在城市大规模的建设过程中，人口的增加、企业规模的扩大，相应的污水排放量也在加大，与此同时，水资源的污染程度也不断加剧。为了解决这一问题，企事业单位、地方政府等相关部门投入大量的资金，建设污水处理厂来控制水质。当今社会人们的生活水平提高了，对于生活的品质也有了更高的要求，同时更加意识到环保的重要性。人们对于城市的水环境、饮用水水源的质量有了更高的要求，相关部门对其也给予了更多的关注。在对污水进行处理的过程中需要消耗大量的能量，这直接导致污水处理的成本大幅度升高，而污水的处理效率反而降低，使污水处理厂的发展受到严重影响。因此，在污水处理厂开展节能减排是非常必要的。

一、污水处理厂中节能减排的现状

随着人们环保意识的强化，相关机构对于城镇污水处理的重视程度明显提高。而水环境作为城市环境中的重要组成部分被越来越多的人所关注，做好城镇污水处理、提高处理效率、降低生产成本成为当前一项非常重要的任务。也正是由于相关部门的大力支持，近些年来各城镇兴建了多个污水处理厂，有效地提升了污水处理能力。

虽然污水处理厂的普及范围明显加大，污水的处理能力也在提高，但是在进行污水处理的过程中依然存在一定的问题，有待人们解决。这些问题主要表现在以下两方面，分别为：

（一）污水处理的运行过于简单化

在部分污水处理厂中，虽然其自身的污水处理工艺、设备是齐全的，出水也能达到排放标准，但是污水处理过程中产生的污泥排放却过于随意。目前，我国仅有部分大型污水处理厂进行了污泥处置处理，并采取了减量化、无害化和资源化的处置措施，其余大部分污水处理厂仍然没有做到严格意义上的污泥安全、合理处理处置，这将为环境带来巨大的污染。

（二）污水处理厂的能耗率过高

随着我国污水处理厂的发展，污水的排放标准也越来越严格，有效地改善了我国城市水环境状况。但目前我国城市污水处理仍是一个能源消耗较大的行业，而在能源价格上涨的情况下，污水处理厂的运行费用势必增加，进而导致当前很多污水处理厂的运营成本过高，严重影响其经营，甚至出现亏损情况。污水处理厂高能耗、运行成本过高的问题为我国城市污水处理厂的发展带来了困扰。因此节能减排是非常必要的。

二、节能减排实现途径

（一）从污水处理的工艺方面进行改进

城镇建设污水处理厂的目的是对污水进行处理，从而对环境进行有效保护。在整个污水处理的过程中，污水处理工艺是一个非常重要的环节，污水处理工艺的选择将直接影响到其所投入的资金及后期的生产成本。不同的污水处理工艺，技术水平也不尽相同，最终对于污水处理的效果、成本的支出都将带来不同的影响。

在污水处理厂立项后，应做系统的初步设计，原则上考虑选择技术先进、污水处理成本及能耗较低、污染物消减量较大、污染物排放量小的污水处理工艺。另一方面，还应考虑到污水处理厂的效益。在保证出水达标的前提下，既能最大化实现节能减排，又能兼顾污水处理厂的经济效益。

目前我国的污水处理工艺分别为一级处理工艺和二级处理工艺。而在二级处理工艺中，又细分为深井曝气活性污泥法、厌氧技术、生物膜处理法、A2/O 工艺等。

在对各类污水处理方法进行研究比较后，相关人员对于各项技术的特点进行了总结。其中一级工艺的最大优点在于投资少，在使用上相对而言较为简单，能耗也较低。

二级处理工艺技术的优点不尽相同，其中深井曝气活性污泥法，充氧能力强，动力效率高，占地面积小，设备简单，该工艺可有效地节约土地资源，于一定程度上起到了减少投资的作用。相对于深井曝气活性污泥法，采用厌氧技术的优点一方面在于不需要进行曝气处理，另一方面则大大地降低了污泥的产出量，可节约后期的维护费用。因此采用厌氧技术，能有效地提升节能减排的效果，但是，同时存在处理速度过慢的弱点，在工艺选择上也应慎重考虑。此外二级工艺中的生物膜处理法，是当前使用较为广泛的一种。这主要与其工艺原理有关，因为该工艺方法可采用自然通风直接供氧，对污水水质、水量的变化有较强的适应性，管理方便，不会发生污泥膨胀，微生物固着在载体表面，生物相对更为丰富、稳定，产生的剩余污泥少。A2/O 法是一种深度二级处理工艺，该工艺具有脱氮除磷的功能。该工艺设置缺氧池，将好氧池流出的一部分混合液回流至缺氧池前端，以达到硝化脱氮的目的，可减少部分设备需求。

在进行污水处理工艺选择时，应结合当地污水水质的实际情况有针对性地选择。此外一级污水处理工艺与二级处理工艺之间还存在一定的关联性，如果一级污水处理到位，可减轻后续工艺负荷，从而可有效地降低二级工艺运行成本。不仅如此，相关部门、技术人员还应进一步对新的污水处理技术进行研究、实践，并结合实际加以应用，最终达到节能减排、降低能耗的目的。

（二）从污水处理的设备方面进行改进

城镇污水处理需要利用相应的设备来完成，而当前污水处理设备中存在的最大问题便是高电耗。相关部门对此进行了专门的统计，结果表明，在当前的污水设备运营过程中，设备的耗电成本几乎占据了总成本的一半。因而若是能有效地降低污水处理过程中的用电能耗，则将充分提升污水处理的节能效果。

若想有效地降低污水处理设备用电能耗，对相关设备进行改进是十分必要的。首先应淘汰落后高耗能电机，选择节能环保的高效电机。目前来看，曝气系统的电耗量在污水处理设备中所占比例最大。因此鼓风机中应使用高效变频电机，用生物池的液位及实时进水流量来控制鼓风机的运行频率，以实时监测溶解氧浓度来保证供氧量的需求，既提高了设备效能，又减小了设备损耗，同时降低了设备能耗。通过科学的维护保养设备，及时精准地添加润滑油，既能减少用能设备损耗，又能降低耗能设备的维修成本，从而有效地减少零配件等材料成本，进而实现节能减排的最终目的。

污水处理厂要从设备方面实现节能减排，首先应从曝气设备入手，选择高效变频电机，及时调节运行方式，精准保养，最终降低设备能耗，达到节能减排的目的。

（三）从污水处理的原料方面来进行改进

随着科技的发展，新型污水处理药剂原料被研发出来。这类原料无毒、无害且功能性较强，将其应用于当前的污水处理中，可一定程度上提高污水处理的效率，降低污水处理成本。目前这些被用于污水处理的药剂，多是采用化学方法生产制造而成，其品种较为繁多。污水处理厂在对药品进行选择时应多方面进行考虑，不能只注重药品的效率性、成本性，还应考虑其毒副作用。尽量去选择那些无毒、无害、价格低廉、功能性强的药剂，真正地做到节能减排、保护环境，又能有效降低生产成本。

（四）从污水处理管理模式方面来进行改进

目前城镇污水处理厂从建设到管理多半是由政府来主导的，虽然这样的管理方式从监管上更有力度，资金上也更有保障，但是从人员结构、技术水平、管理方式等方面来看，则出现了资源浪费、运营不畅、效率低下、技术水平较低等问题，这将阻碍污水处理厂的长远发展。针对这一情况，相关部门应改变管理方式，对污水处理厂实施市场产业化管理。也可以采用委托的方式，聘用专业机构来对污水处理厂进行管理。利用其专业性，来理顺、改善当前污水处理厂运营不畅、效率低下的状况，进一步对污水处理厂的人员结构、运营机制进行调整。最终达到物质、人员、资金等方面的优化配置，降低管理风险、节约生产成本、提高处理效率，促进节能减排的有效实施。

三、排放物减排的思路构建探索

目前污水处理厂的主要排放物有污泥、出水、废渣。对这些污水处理排出物可针对其各自的特点，于生产工艺、处理方法等方面进行改进，最终实现再利用排出物、转换能源、高效利用水资源的目的。分别对污水处理所产生的三类排放物进行了如下方面的设想。

（一）对于污泥处理的探索

污泥的处理效果对于整个污水处理过程有着较大的影响。在对其进行处理时，首先应根据污水处理厂所产生的污泥量来进行。若是污水处理厂的产泥量较大，可采用污泥集中厌氧消化或污泥好氧发酵技术来进行处理；而对于那些中小型规模的污水处理厂而言，则应首先对产生的污泥进行储存，待其达到一定储量后在对其进行厌氧消化。在这个过程中可对污泥进行相应的处理，运用污泥热值烧制轻质节能砖技术，来促使厌氧消化产生更多的甲烷（CH_4），再经过发电后，其可被有效地应用于照明、鼓风、曝气等污水处理环节上。另一方面，可大量的对有机碳进行污泥消化，与传统外部供能转化二氧化碳（CO_2）相比节能性会更好。而这种方法的采用，同时还免去了曝气环节，有效地降低了二氧化碳的排放量，从而实现了节能减排的目的。此外，还可对污泥实施化学预处理等方法，进一步地对污泥进行处理，从而将其转化为可用于绿化的肥料，或去改良土壤，为经济的可持续化发展创造更多的有利条件。

（二）对于废渣处理的探索

与其他污水处理排放物相比，沉砂池、二沉池等产生的废渣是三者之中最少的。但是人们依然可有效地对其进行利用。例如将其应用到道路的铺设中，同时也是生产建筑中，砖头制作的一种理想原料。作为污水处理排放物之一的废渣，同样也可以被再次循环利用，对于污水处理厂开展节能减排具有一定的促进性作用。

（三）对于出水去向的探索

在污水处理的过程中，污水的排出是必然的。相关的部门可对污水处理的工艺流程、药剂的使用等方面进行控制，尽量提升污水无害化处理的效率。进而对其进行有效的回收，将其应用于工业生产、农业灌溉、市政建设等方面。于一定程度上可以节约水资源，降低污染物排放量，促进水资源的循环利用，为能源的可持续化发展做出贡献。同时，污水的高效回收利用，提升了污水处理厂的创收能力，有效降低了污水处理运营成本，实现了经济效益、社会效益双赢。

对污水处理排放物的利用情况进行比较后可发现，污泥的处理效果对于整个污水处理系统的效率有着较大的影响。因此，污水处理厂应围绕能源可持续化发展的理念，进一步对污泥处理工艺进行改进，并结合其他污泥处理方法，使污泥得以良好脱水，有效回收中水，减少二氧化碳排放，最终实现污水处理厂稳定的、可持续化的发展。

当前我国城镇污水处理厂的发展速度较快，相应的，其自身所存在的高能耗、高成本、高费用等问题也凸显出来。因而，污水处理厂应在坚持可持续化发展理念的同时，结合自身的污水处理实际情况，在工艺流程、处理设备、资源循环、经营管理等方面进行改进与完善，以达到提升污水处理效率、降低费用、节约成本、提升市场竞争力、提高经济效益的目的。另一方面，污水处理厂技术人员应对当前的技术进行创新、研发，以改进污水处理技术，提高能源再利用程度，以实现更大范围的能源的循环利用，最终实现污水处理的节能减排，促使其向着可持续化发展的道路迈进，保证污水处理厂能够健康、稳定、有序地发展，实现经济效益、环境效益共赢。

第四节　建筑采暖通风节能减排

节能减排技术在建筑行业生产中的应用是缓解建筑行业对生态环境所形成破坏的重要途径，而作为建筑工程的重要组成部分，建筑采暖、通风工程节能减排工作对整体建筑节能性的提高具有非常重要的意义。

一、采暖通风节能减排的必要性

随着人均居住面积的持续增长，建筑采暖通风消耗也在持续增加，进一步激化了我国在能源供求层面的矛盾。能源为经济与社会的发展提供了巨大的动力，然而因为各方面因素的影响，能源本身的发展通常会落后于经济的发展速度。当前的建筑采暖通风消耗的大部分是不可再生资源，其中电能占据了巨大的比例。正是因为不可再生资源的大量损耗，地球资源越来越匮乏，并且造成了巨大的环境污染，已经严重威胁人类的生存与发展。采暖和通风设备是建筑中不可缺少的，关系到人们的生产生活，高质量的生活需要顺畅的采暖系统和通风调控系统，而这些系统设备又是高耗能产品，所以在追求节能减排、降低污染、节约资源的今天，提高建筑采暖通风工程的节能减排，意义非常重大。

二、采暖通风节能减排工程中存在的问题

（一）采暖通风节能减排工程中的设计不足

采暖通风系统的高耗能特点，是影响其发展的重要因素。通常情况下采暖通风系统节能减排工程的关键即对空调装置进行安装，在对这一工程进行设计期间设计者通常会忽略空调自身的采暖及通风作用，且在具体进行设计期间，部分设计者并没有注重空调的应用性能，而是将自己或是企业的利益当作重点，减短设计时长，尽管这样做能够使企业获得更多收益，但是这忽略了采暖通风系统本身的作用。

（二）采暖通风系统节能技术水平不高

在节能方面国家有一定的标准，采暖通风系统工程的设计应该最大限度地符合国家的节能标准，而且随着节能减排要求的不断提高，新的设计技术应不断涌现，而且要不断提升，虽然每种技术方案往往都有自己的优点和缺点，但是不同的设计方案可能是从不同角度进行考虑的，所以要提高技术设计方案的可行性，可以结合各种设计方案的优点，摒弃其缺点，这样就可以在符合节能标准的提前下，设计出技术水平较高的采暖通风设备。

（三）采暖通风节能缺乏评估

在采暖通风工程中还存在一些科学性问题，就是缺乏严谨科学评估的设计理念，其实在设计过程中除了需要完善设计方案，还需要对设计方案进行一定的科学评估确定其可行性，只有在各个过程中都做到最好，建筑采暖通风工程才能实现真正的节能减排，符合当代人们对生活舒适度与能源节约方面的双重要求。

三、建筑采暖通风节能减排的原则

（一）针对性

在分析新型绿色节能技术对建筑工程的作用时，要先找到建筑工程行业目前需要解决的问题，结合其要求选择合适的技术，秉持针对性原则，只有这样，才能发挥新型绿色节能技术的最大效用。对于不同规模和发展水平的建筑工程，应具体分析其发展特点和改进要求，各有侧重。对于发展水平较低的工程来说，节约成本是其首要解决的问题。

因此利用新型绿色节能技术的节能功用，对小型工程的能源利用方面进行优化，从而实现原料的节省和循环利用，进而降低成本。而对于发展水平较高的工程来说，成本问题已经不是其主要矛盾。由于工程规模较大，这些工程往往排污量也较大，有的甚至严重违背生态文明建设的要求。对于这些建筑工程来说，减少污染排放量才是首要解决的问题。因此，在应用新型绿色节能技术的过程中，应侧重于对污染的控制与减少，从而使大型工程的发展更加符合保护环境的要求，以谋取更长远的发展。

（二）多元化

建筑工程行业作为现代社会的支柱性产业之一，其发展的好坏直接关系到我国工程工业发展的前景。因此，对待建筑工程领域任何的革命与创新都需要保持谨慎的态度。在应用的过程中，采用多元化原则能够最大限度上避免不利影响的产生。第一，新型绿色节能技术是多种新型技术的总称，内部存在完整的体系。同时，新型绿色节能技术本身也在不断地发展，许多全新技术正相继产生。因此，各项技术之间的搭配合作十分重要。针对不同的板块，采用不同的技术，使这些不同的技术之间互相联系、互相作用，最终达到理想的效果。第二，新型技术之间应合理协调，而非一味堆砌。具体来说，对于某一建筑工程的技术改革，可能要同时解决多个问题，即同时应用多项技术。然而，如果没有在多项技术间进行合理协调，将会出现新技术之间互相干扰、互相矛盾的情况，不但不利于解决现存问题，还会带来新的问题。第三，新型技术的应用并非一劳永逸，后期的维护和监督同样重要。

四、建筑采暖通风节能减排的措施与建议

（一）科学选择建筑采暖通风设计方案

就建筑冷热源系统的选择来说，采暖通风中的能量消耗大多都是由冷热源所造成的，因此，在选择冷热源系统时不但需要考虑初期投资与运行成本，还应当综合参考建筑功能与地区能源结构等，针对耗能指标实施对比分析。需要综合考虑周边区域以及区内之间存在的不同。同时，要对朝向问题进行考虑，还要分开设路或者分环，从而方便分系统之间自由地进行调节以及进行控制。建筑采暖通风系统的大小对于居民的健康有着直接的影响，同时与运行成本以及整体的能源消耗都息息相关。在进行设计时，需要避免随意地减少或者增加现实需求的情况发生。只有综合各个方面的需求，才能合理地进行节能系统设计。本研究认为可以通过以下三个方面进行设计：第一，在对参数进行设计

时，要对室内的实际温度以及湿度进行科学合理的研究和分析，应保证夏季不得过高、冬季不能过低，选取合理的数值；第二，在无特殊功能要求的情况下，适当选取单风管关闭的方式，在统一系统中进行设计，使每一个空调区域冷热负荷达到均衡的状态，低负荷运行，实现节能的目的；第三，加强冷热能风的回收利用，在最大程度上提高暖通空调系统的能源利用价值，以此达到节能的效果。

（二）建筑物入口处的节能减排设计优化

在北方区域，冬天的风一般都较大，并且西北风占盛行风向，建筑物的大门，应当尽可能朝向北方，这样可以防止冷空气长驱直入。在进行建筑物入口设计的时候，要避免只考虑门厅的美观程度，而不在门口位置设置热风屏的情况，否则将不得不增加空调系统风量，导致能源无故浪费，难以实现节能、供暖的均衡。应当阻止冷风渗透、冷风侵入，而不是让冷风进去后再把它加热。在建筑设计中太注重形式，不惜浪费大量能源的做法是不可取的。特别是在寒冷地区，控制大门的冷风进入量，是一个十分重要的问题。

（三）采暖通风系统的绿色能源技术

随着我国经济的不断发展和科技的不断进步，人们开始提倡节能环保，向往低碳生活，与此同时，能源需求已经过大。能源和资源紧缺的问题急需解决，这就需要开发利用新的能源。建筑采暖通风系统中可应用的绿色能源包括太阳能、风能、土壤能等。目前，在世界范围内，太阳能被认为是最清洁的一种可再生能源，在建筑采暖中，引入太阳能，逐渐替代燃气等传统能源，其节能减排效果是非常好的。目前，太阳能常见采暖方式主要包含利用能够反射、吸热的玻璃材料对太阳光进行反射并吸收其光热，实现供暖节能的目标。还可以通过风压进行自然通风。在一些具备良好外部环境的区域，风压能够被当作自然通风的重要途径。通过风压促进建筑室内空气流通，能够对室内空气质量进行有效的改善。风洞试验证明，当风吹向建筑物的时候，由于建筑本身的阻挡，会在建筑迎风面位置生成正压力，而气流绕过建筑物侧面及背面位置时，会生成负压力。利用风压能够实现建筑自然通风，进一步实现建筑通风的节能减排目标。此外，还可以利用土壤能。地源热泵是利用地下浅层地热资源作为冷热源，进行能量转换，提供供暖及制冷的空调系统。地源热泵系统通过输入少量的电能，实现低温热源向高温热源的转移。土壤能分别在冬季和夏季作为低温热源和高温热源。夏季，大地作为排热场所，室内热量以及压缩机的散热通过埋地盘管排入土壤中，再通过土壤的导热作用和土壤中水分的迁移把热量扩散出去。

综上所述，随着社会经济的发展，各种新技术不断出现，在建筑采暖系统中采取相应措施不断优化采暖通风效果，能够在能源危机大环境下提高环保效果，同时还能够增强建筑舒适性。采暖通风空调工程中的节能技术可以有效地控制整个建筑的能源消耗，真正改善室内的环境质量。

第五节 医院水电中的节能减排

一、加强医院水电管理工作的重要意义

伴随着我国经济社会的迅速发展，我国的能源生产以及消费量不断增加，并且经常出现资源浪费以及环境破坏现象。在推进我国工业现代化的过程中，各种能源的消耗量非常庞大，并呈现出逐渐增长的趋势，各种有害物质的排放量也随之增多，这不仅使我国能源供应明显不足，而且导致环境问题日益严重。同时，我国的人均淡水资源也是比较少的，而且电力资源供应紧张，在这种情况下，相关部门非常有必要尽力减少各种资源的消耗，医院也不例外。同时，由于医院的正常运行对水电有着较大的需求，在医院展开水电管理工作是有着重大意义的，其既能在一定程度上减少资源的损耗，又可以确保医院的正常运转不会因水电资源不足而受到影响。

二、国内医院水电使用管理及节能管理的现状

现如今，我国医院的水电管理工作通常是由后勤部门负责的，然而，在各种因素的制约下，许多医院在水电管理方面的效率普遍偏低，且经常出现各种各样的问题，致使水电节能工作没有达到预期的效果。

（一）节能意识不强

医院大多数部门对节能的理解还存在误区，工作人员的节能意识比较薄弱，许多员工往往认为水电节能管理是由后勤部门来思考并执行的，而与自身没有多大关系，从而导致后勤部门无法有效地开展各种节能管理工作。

（二）医院内部各种仪表没有达到节能管理的要求

通过分析大量的调查数据，不难发现许多医院的水、电表的安置比较随意，且相关工作人员没有仔细检查这些仪表的实用性，从而导致许多仪表的数据不够真实。同时，部分仪表没有达到节能管理的要求，致使节能管理工作更加难以开展。

（三）设备比较陈旧

伴随着我国经济的迅速发展以及人民生活水平的不断提高，我国医院的规模也在不断地扩大。然而，许多医院为了节省费用依然使用以前的各种水电设备，这些设备往往比较陈旧、落后，并且运行效率偏低，许多设备还需要维修才能正常运转，这一系列因素严重妨碍了水电节能管理工作的展开。

（四）医院领导不重视医院内部节能减排管理工作

医院水电节能减排工作往往会消耗大量的资金，并且成本回收的速率比较慢，致使许多领导不愿开展各项节能减排工作。同时，医院内部并没有针对浪费现象来制定各种奖惩措施，医院工作人员的节能意识也不强，从而导致节能减排工作无法顺利进行。

（五）能源管理工作量比较大，且明显存在浪费现象

医院的规模普遍较大，且涉及众多区域，在一定程度上增加了能源管理工作的难度，从而使得能源管理工作更加难以开展。每一位管理人员需要负责的区域比较大，事情繁多，故他们无法兼顾到该区域的方方面面，从而无法使能源浪费现象彻底消失。

（六）资源利用效率偏低，耗能配置不够科学

医院的正常运营离不开水、电资源，故要想确保医院的各项工作顺利进行，就非常有必要注重水电资源的合理运用。然而，在实际操作过程中，不难发现许多医院的资源利用效率偏低，比如水并没有得到再次利用，电灯节能效果差等。同时，由于部分医院不注重耗能规划的制定，使得医院内部的耗能配置不够科学，不利于医院能源的节约。

（七）节能改造项目目标不明确

现如今，人们越来越注重能源的节约，可持续发展理念已经深入人心，同时，我国也提出环境友好型、资源节约型社会两种理念，为了响应这些号召，许多医院制定了一系列措施，部分医院开始开展各种节能改造项目。然而，在改造过程中依然存在许多不足之处，一些医院并没有针对节能改造项目制定相应的目标，由于目标不够明确，很多节能改造项目无法取得良好的成效。

三、加强医院水电管理中的节能减排工作的有效对策

（一）加强宣传，增强医院工作人员节能减排意识

节能减排关系到人民群众的切身利益，也关系到中华民族的生存与发展。每个人均有义务参与到这项活动中来。伴随着我国社会主义进程的不断推进，国家越来越注重资源的节约。现如今，我国正处于资源短缺的境地，要想进一步减轻能源短缺所带来的压力，就非常有必要强化人们节能减排的意识，采取一切措施来减少浪费和污染。各个医院应该有针对性地开展宣传活动，加大医院内部宣传的力度，以此来提升医院内部工作人员的节能减排意识。同时，医院有关部门还应提醒工作人员养成良好的生活习惯，比如随手关水、关灯等，不浪费一滴水、一度电，这样节能减排工作将会取得良好的成效。

（二）提高水电维修人员的业务水平与责任心

医院水电系统的正常运作有赖于水电维修人员的常规性检查、维修、维护。由于医院许多水电设备使用的时间比较长，不可避免会致使部分设备无法正常使用，急需进行一系列维修处理。设备常见的问题有零件松动、设备老化以及器械错位等，这些问题均会造成部分水电系统无法正常运转，同时也会造成水电资源的损失。这就要求水电维修人员不仅有高超的维修水平，而且具备较强的责任意识，只有这样才能确保在水电设施出现故障时能够快速修复，从而在一定程度上减少水电资源的浪费。故非常有必要针对水电维修人员来展开一系列培训活动，从而促使他们的工作能力有所提升。

（三）健全医院的水电管理体系，严格实施奖惩制度

医院水电管理工作既全面又系统，往往需要综合考虑多方面因素的影响，故医院非常有必要制定出一套适宜的水电管理制度，这能够在很大程度上确保节能管理工作顺利展开。目前，许多医院的水电管理体系还存在一些漏洞，需要相关人员进一步改进和完善。同时，医院应该依照各部门的实际情况来进行量化管理，这样将会更加有针对性，能够取得较好的成效。在管理过程中，施行"指标到户、计量收费、节约留用、超用收费"的方法，这种方法将会使工作人员的节约行为与津贴、奖励之间建立起紧密的联系，工作人员因此会更加注重水电资源的节约。

（四）加强医院能源方面的管理

医院是公众性的场所，其主要是为了给病患提供医疗服务。要想确保医院内部的各项工作环节顺利开展，并为人民群众提供更加优质的服务，医院就非常有必要强化能源方面的管理，从而确保医院能源供应不会出现各种漏洞。医院可以与节能公司之间建立合作关系，共同制订各种节能方案，从而一步一步地提升医院的节能效率。具体策略是让节能公司提供设备改造方面的技术，比如改造照明与动力老旧线路，推行电脑、手机终端管理以及配置技能计量平台等，以此强化节能的效果。同时，节能公司可以依据约定比率获得电费方面的分成。这种方式能够将节能公司与医院紧密联系在一起，并能够在一定程度上推进医院能源方面的管理，对医院的可持续发展有着重大意义，值得医院推广运用。

如今，我国越来越注重节能减排工作的开展，在这种趋势下，各个医院务必做好自身的节能减排工作。在水电管理过程中，医院要不断地改进自身的管理体系，通过大量的宣传来唤起工作人员的节约意识，并持续更新各种水电设备，以期更好地遏制浪费。

第六节　油气集输系统节能减排

根据相关部门公布的数据，我国油气行业的资源利用率比美国、日本等发达国家低15%左右。较低的利用率对于国内油气资源价格控制以及生产加工企业竞争能力的提升产生了消极影响。基于对油气产业长远发展的考量，国家出台系列举措，对油气生产企业的能耗水平、污染排放能力进行了明确的规定，在这一背景下，生产加工企业投入大量资源，进行清洁化技术方案体系的创设，旨在依托各类技术，对油气集输系统等原有的设备模块定向升级，将污染物的排放规模、能量损耗体量控制在合理范围内，促进油气生产体系的现代化。

一、油气集输系统能耗现状分析

对油气集输系统主要构成与能源消耗结构进行分析，能够形成规律性认知，引导油气生产企业管理人员、技术人员准确把握油气集输系统能耗管理核心要点，增强油气集输系统能耗管控的针对性，提升能耗管控的有效性。

（一）油气集输系统主要技术构成

油气集输系统组成相对复杂，包括压缩机、制冷压缩机、导热油炉、井口加热炉等主要装置。油气集输系统在运行过程中，各类压缩机运转，将油气体量控制在一定的范围内，从源头上保证了油气资源的生产加工能力。完成初步压缩之后，依托油炉、加热炉等设备，进行后续的油气资源加工处理作业。以某油气生产加工企业为例，其在利用油气集输系统进行油气生产的过程中，一年内消耗电量1198.3万千瓦时，各类燃料1813万吨。庞大的能源消耗量在很大程度上增加了油气生产企业的运营成本，对于其市场竞争力的提升产生了限制作用。

（二）油气集输系统能耗产生原因

油气集输系统运行涉及众多生产设备，涵盖多个生产加工流程，使得整个油气集输系统生产活动的能耗水平较高，对于油气生产加工企业生产成本的控制以及产业竞争力的提升造成了阻碍。为保持油气生产加工企业持续、健康以及稳定的发展态势，管理人员需要做好能耗管控工作，依托能耗的有效监管，加速推进产业模式的转型。为达到这一目标，需要对现阶段油气生产加工企业的能耗构成情况进行全面分析与科学掌握。具体来看，油气生产加工企业目前的能耗主要包括线损、电动机损耗以及照明线路损耗等，油气生产加工企业在配电线路规划布局过程中受到整个生产、加工活动的影响，线路较为复杂，整体的能耗水平较高，引发了额外的电力成本支出。为保持能源的持续稳定供应，满足油气产品的消费需求，油气生产加工企业往往需要进行持续性的生产作业，加之油气生产加工活动的高风险性，使得技术人员需要在实际操作过程中对照明系统等配套设施进行相应的设置，通过科学布局，确保照明系统可以满足不同场景的需求，为生产加工、处理突发事件提供便利条件。

二、油气集输系统污染物排放概述

油气集输系统污染物的排放原因多种多样，明确污染物排放原因、排放类型，明晰油气集输系统污染物的基础特点，对于后续减排工作的开展有着极大的裨益。

（一）油气集输系统污染物排放主要类别

从实际情况来看，现阶段油气集输系统在运行过程中会产生大量的废水、氮氧化物以及各类有害气体，其中有害气体作为油气集输系统的主要污染物，对于生态环境的危害性较大。例如某油气生产加工企业油气集输系统2019年氮氧化物的排放量达到45.5万t，排放浓度达到137.23mg/m³，烟气粉尘排放量达到2.5万t，排放浓度达到6.54mg/m³。通过对油气集输系统污染排放类别以及污染物排放现状的明确，技术人员可以快速调整工作思路，形成有针对性的污染物减排方案。

（二）油气集输系统污染物排放管理现状

在油气集输系统污染物排放管理过程中，部分技术人员没有严格按照有关技术规范与标准开展相应的污染物减排工作，无疑影响了整个污染物减排工作的有效性，技术人员在减排技术应用的过程中，难以形成具有可操作性的技术方案，使得油气集输系统废水、废气等污染物的回收、处理效果达不到预期，对于区域生态环境的保护以及油气集输系统的转型升级产生了阻碍。

三、油气集输系统节能减排技术应用策略

在开展油气集输系统节能减排工作时，工作人员应从实际出发，在科学性原则、实用性原则的指导下，整合现有的技术手段，理顺管理方案，促进油气集输系统节能减排体系的有效运转，充分满足油气资源生产、运输、存储等环节的绿色化、节能化要求。

（一）油气集输系统节能技术方案

在对油气集输系统进行节能体系构建的过程中，应当针对不同的传输环节、生产工艺，制定相应的节能方案，将能耗控制在合理的范围之内。管理人员应统筹分析油气集输系统所处区间方位，理顺管道布局，制定相应的能耗管控方案。具体来看，在油气集输系统节能控制实际操作环节，管理人员可以根据油气集输系统所处地区地形情况，对管底的标高参数做出适当的调整，通过管道等基础结构的科学调整，将油气运输过程中的跌落差控制在合理的范围之内，实现油气提升泵工作扬程的不断提升，在保证油气集输系统效能的同时，减少了提升泵的电能损耗。除了做好上述结构布局之外，对于油气集输系统的管道也需要开展整体优化，全面、细致地评估油气管道线路，确保油气线路的流线明确、管道与管道之间有较强的整体性。在管道材料选择环节，应当选择一批阻力系数相对较小的材料，确保油气可以在短时间内快速通过相关油气集输系统区域。对于油气集输系统设备，管理人员还需要建立起全面管理维护机制，通过定期开展设备状态评估、故障检修等工作，使得油气集输系统设备始终处于良好状态，保证设备的持续、高效运转。

（二）油气集输系统减排技术举措

为有效减少废气排放，在油气集输系统的大气污染治理环节，应当做好氮氧化物的处理工作，形成超低排放技术模式，将氮氧化物的危害控制在可以接受的范围之内。在技术应用环节，企业需要投入相应的资源，进行脱硝工艺体系的构建，借助高效换热器、湿风室、热风炉以及 SCR 反应器等设备，当油气集输系统窑内的排烟温度达到 200℃时，在换热器的作用下，将温度升高到 300℃，以达到脱硝净化处理的温度要求，加速完成脱硫处理。同时在经过脱硫处理后，烟气内的热量逐步流失，在经过换热器的短暂处理后烟气温度可达到 180℃，随后再进行烟气的排放，这种氮氧化物的处理方式不仅提升了烟气净化水平，实现了大气污染的综合治理，同时使油气集输系统窑的能耗水平降低了 21% 左右，其产生的经济收益，对于企业运行成本的控制、经济收益的保持有着极大的裨益，确保了油气集输系统窑高大气污染处理方案的可行性。在油气集输系统污染物减排环节，需要建立起完备的管理机制，在油气生产加工厂内部设置专门的岗位，由专人负责，对油气生产加工设备、油气生产加工原料等做好管控，根据实际需求，做好油气集输系统设备的维护保养工作，以保证油气生产加工的有效性与合理性。还要做好设备参数管理，避免出现因参数调整不严格导致生产设备失效的情况。同时，为激发管理人员的主动性，需要建立相应的考核机制，以制度为依托，实现节能管理的有效性。

油气集输系统作为油气资源生产加工技术体系的有机组成部分，在资源开发、存储运输等领域发挥着关键性作用。为更好地兼顾油气集输生产能力，减少能量损耗，控制污染物的排放，应从多个角度出发，综合利用各项节能减排技术手段，精准化应用相关技术。

第五章 节能减排技术

第一节 煤炭燃烧节能减排技术

自改革开放以来，我国经济水平不断提高，城市化进程加快，但是在大搞经济建设的同时，生态环境也遭受到了前所未有的破坏，能源的日益匮乏引起了政府的高度重视。在此背景下，我国煤炭工业节能减排势在必行，关乎国家与社会的健康、稳定、和谐。

一、我国煤炭工业节能减排现状

煤炭工业是我国国民经济的支柱，无论是产量，还是消耗量，在世界上都是名列前茅的，而且在未来相当长的一段时间内，这种现状难以改变。传统的开采手段再加上煤炭利用率不高，集约水平低，与发达国家相比还有着不小的距离。另外，在开采煤炭的过程中对其他资源的损耗过高，资料显示，开采 2 吨煤就会消耗 15 吨左右的硫铁矿、铁矾土、铝矾土等矿产资源。从环境角度分析，会造成水质、土质、气体质量日益下降，使环境受到严重破坏，且污染范围广，治理难度大。

为提高环境质量和能源利用率，一种新型的高效清洁技术受到了普遍的关注与重视。21 世纪初，这种技术在我国大力推广，使煤炭工业逐渐走上节能减排的可持续发展道路。

二、煤炭工业节能减排技术分析

（一）煤炭加工

煤炭加工是一种提高煤炭资源利用率的先进技术，能使煤炭更加清洁、干净。其主要是通过物理、化学等手段对原煤进行脱硫、除尘，在保证煤炭质地均匀的同时，还能够满足差异化需求。目前，煤炭加工技术以型煤和水煤浆技术为主，型煤主要由粒度较小的煤灰和杂质煤组成，我国对型煤的研究已经有几十年，环保型煤、生物质型煤、烟煤等技术正在逐渐完善，并且将成为我国未来在型煤研究方向上的主要课题；水煤浆技术发展到今天，已突破了传统的研磨少、研磨分散、优先分配等限制，通过精细设备的加工能够使煤浆迅速堆放成型，在浓度、制浆范围等方面有着历史性突破，每年产量在 $9.0 \times 10^6 \sim 1.2 \times 10^7$ 吨，是煤炭加工中十分重要的技术之一。

（二）燃烟的控制和治理

除尘技术最早在20世纪60年代末由我国专业领域人士提出，由于科技水平限制，只是利用风力设备达到除尘目的。时至今日，除尘技术有了不小的进步，可利用静电、布袋或是增加湿度等手段提升除尘效率。目前，脱硝脱硫除尘一体化是治理燃煤油烟的主要方式，在此基础上还可以增设勘测系统进行除尘监测。针对一氧化氮、二氧化氮等毒气的治理，一种方法是利用气体回排降温，另一种方法是分层供风分散燃烧面积。其中，脱硝技术以选择性催化还原法（SCR）为主，使用催化剂、还原剂加速无毒气体产生，并配以脱氮设备和低燃烧设备。

（三）锅炉高效燃煤

锅炉燃烧技术在我国有着一段曲折的发展历程。20世纪70年代，相关人士提出利用煤粉加工锅炉燃烧技术，但是煤粉、锅炉以及相关除尘设备需要大量资金投入，再加上技术落后、工艺手段迟迟不能更新，导致锅炉燃煤技术被搁置了很长一段时间。直到90年代，锅炉燃烧技术的雏形才真正形成，出现了功率较小的旋流煤粉燃烧设备。21世纪初，金水锅炉的问世使这一技术得到了进一步发展。通过几十年的努力、创新与研究，目前的锅炉燃煤技术更加环保节能，锅炉热利用率可达90%以上，燃烧效率接近100%，与传统技术相比，其煤炭节约率提高了40%左右，同时也节省了一部分电力。这种技术是将纯度高的灰钙粉投入循环系统中，稀释煤油烟气实现清洁目的，再加上布袋除尘、低温燃烧等措施，使有害气体比如二氧化硫、一氧化氮等的排放量和浓度得以降低，避免了因集中排放而导致的多次污染。

（四）煤矸石利用

在煤炭开采和清洗时会产生煤矸石等固体废弃物。相关资料显示，我国煤矸石"堆积如山"，总量已接近42亿吨，是废弃固体中数量最多的，所以煤矸石的有效利用是煤炭行业一直以来研究的问题。传统的煤矸石再利用方法一般是二次选煤为主，利用率低。随着科技的不断创新，煤矸石的其他用途也被开发出来，比如开采空洞再次填补、破坏土地复垦以及路面补料等。同时，煤矸石还可以为电力发电提供保障，各大煤矸石发电厂的投成促进了我国电力事业的新发展。除此之外，煤矸石在工业、农业方面都有着不小的用途，可用于生产水泥混凝土、肥料，改善土质等。但从实际角度出发，煤矸石的利用规模较小，仍需大力推广使用。

三、我国煤炭工业未来发展浅析

（一）加强政府职能

政府是低碳生产的"引路人"，在节能减排中起主导作用，要充分落实煤炭行业内部改革措施，强化机制作用，加强资源整合，使产业走向正轨。同时，要为煤炭行业制定科学、合理的有利政策，加速低碳生产运营机制构建，实现绿色行业、环保行业。此外，要加强技术开发，强化职员技能素质，在行业内部形成"低碳"氛围，将政府引导企业低碳生产的桥梁作用体现出来，形成一个良性循环的低碳行业系统。

（二）改变传统的煤炭开采观念

改变传统的煤炭开采观念，秉持开采工作效率化、环保化、安全化原则，提高煤炭回采工艺水平，构建一条矿区、资源、环境三者协调发展的开采之路，确保煤炭开采工作实现可持续发展。同时，结合不同地区的特色，加大伴生资源保护力度，加强资源回收、开发、再利用，完善新型、高效、环保、低碳的经济发展体系。除此之外，盘活人才资源，发挥各地区资金、技术效应，提高煤炭清洁率，拓展产业道路，提高市场占有率，在确保环境绿化建设的同时，使企业收益最大化。

（三）重视煤炭分选

为提高煤炭提取率，改善整体质量，需要对煤炭分选加以重视。在煤炭洗选环节通过物理、化学以及微生物等手段使煤炭质地平均、功能不一，通过煤炭分选、深加工等工序，使原煤杂质诸如硫、灰等被有效去除，是保证煤炭清洁干净的关键所在。通过对有关数据分析可知，2亿吨原煤经过合格分选后，能使二氧化硫排放减少250万吨。可见，为了提高煤炭提取率，确保燃煤的效率性、经济性、整洁性，有必要认真进行煤炭分选工作。

综上所述，本节就我国煤炭工业现状进行了分析，介绍了有助于节能减排的相关技术和措施。煤炭行业绿色体系的构建为加强节能减排、缓解环境压力、资源利用最大化提供了重要保障。

第二节　油气燃烧节能减排技术

一、油品蒸发消耗及其表现形式

石油及其产品是由多种碳氢化合物组成的混合物，其中的轻质油组分具有很强的挥发性。在石油储运的整个过程中，由于受到工艺、技术及设备的限制，经常会有一部分液态轻烃组分汽化而散逸到大气中，造成不可回收的油气损耗，这种现象被称为油品蒸发损耗。

二、油品损耗的危害性

（一）严重污染环境

油气是气象烃类的有毒物质，密度大于空气而飘浮于地面上，从而加剧了对人和周边环境的影响。油气不仅是一种有机污染物，还是产生光化学烟雾的主要反应物。光化学烟雾是现代工业化社会的主要污染物之一，具有强烈的刺激性气味，成分复杂，其中对动物、植物、材料有害的物质是臭氧、过氧乙酰硝酸酯、丙烯醛、甲醛等二次污染物。主要危害有：损害人和动物的健康、影响植物生长、影响材料质量、降低大气的能见度等。

（二）危及安全

油品在储存、收发、销售过程中排出的高浓度油气是很大的安全隐患。汽油爆炸极限（体积分数）为1%~6%，汽油蒸气的密度约为$3.0\sim3.1\text{kg/m}^3$(STP)，而空气的密度为1.1kg/m^3(STP)。当严重超过火灾爆炸极限时，密度比空气大的高浓度油气大量蒸发排放、扩散、飘浮聚集在地面空间，带来了很大的安全隐患。

（三）油品质量降低，影响油品正常使用，造成能源浪费

油品损耗是一种选择性很强的损耗形式，损耗的物质主要是油品中较轻的组分，因此会造成油品质量降低，影响油品的正常使用。

三、控制油品蒸发损耗的措施

从控制挥发性有机物排放的技术角度来看，控制油品蒸发损耗的措施基本可以分为两类：一是从源头上控制，以防止或抑制挥发性有机物泄漏乃至消除其排放为主的预防性措施；二是以末端治理为主的控制性措施。末端治理方法包括两种，第一种是采用物理方法将挥发性有机物聚集、回收的非破坏性方法；第二种是通过化学反应将挥发性有机物分解为无毒或低毒物质的破坏性方法。

（一）源头控制

从源头抑制油品的挥发是控制油品损耗和大气污染的首要措施。任何形式的油品蒸发都是在运输、储存容器内部传质基础上发生的。由于蒸发只在气液相界面进行，气体空压的压力、体积、温度、浓度、界面面积等参数的大小或变化幅度直接影响了蒸发损耗的大小。

1. 降低油罐内温差

降低油罐内温差主要用于降低固定顶罐小呼吸损耗。具体方法有：选用良好的油罐涂料、淋水冷却、安装反射隔热板、筑防护墙等。

（1）选用良好的油罐涂料。油罐涂料不仅起到防腐的作用，而且能影响油罐对太阳辐射热的吸收能力。选用能发射光线，特别是能发射热效应大的红光及红外线的涂料，更有利于降低罐内温度及变化，从而减少油品的消耗。

（2）喷淋冷却。淋水降温对降低固定顶罐小呼吸挥发损耗的效果十分明显。夏天的白天，不间断对罐顶淋水，在罐顶形成均匀的水膜，沿罐壁流下，带走顶板和壁板吸收的太阳辐射。此方法适用于水源充足、油品长期储存、以固定顶罐小呼吸为主要损耗的地面钢油罐。使用时应充分考虑水的循环利用。

（3）安装反射隔热板。反射隔热板可以由两层外面涂了白色涂料的石棉水泥波纹板组成，可以安装在罐顶或罐壁外侧。当反射隔热板安装在罐顶或者悬挂在罐壁外侧时，两层石棉水泥板之间形成了第一空气夹层，两层石棉水泥板与油罐之间形成了第二空气夹层。空气夹层的存在及白色涂料对阳光的反射作用起到了很好的隔热效果，从而降低

了气体空间的温度及其变化幅度。

2. 提高油罐承压能力

提高油罐承压能力不仅能完全消除小呼吸损耗，还能在一定程度上降低大呼吸损耗。提高油罐承压能力一般从改进油罐结构设计入手。扁球形顶底立式圆柱形油罐容积为 300～4500m³，承受内压的能力达 17.5～45.0kPa；滴状罐承受内压能力可达 30～2000kPa，容积可达 6000m³，设置可达 10000m³。多折的滴状罐，当承受内压能力为 100kPa 时，容积可达 25000m³。拱顶油罐承受内压能力为 2kPa，球罐是承受内压能力最高的油罐，一般用于储存低沸点液化气及其石油化工产品。

3. 消除油面上的气体空间

消除油面上的气体空间实际上就是消除了蒸发现象赖以存在的自由表面，这样不仅能完全消除小呼吸损耗，还能降低乃至基本消除大呼吸损耗。

这种措施在浮顶油罐中使用效果较好，这种罐的罐顶浮在油面上，随油面升降，可以极大地减少蒸发自由表面和气体空间体积。浮顶罐虽然造价高，但是效果明显，能大量减少蒸发损耗，投资回收快，适用于收发作业频繁的油库。

（二）末端治理

1. 油品蒸发排气的销毁处理技术

油品蒸发排气的销毁处理技术主要有生物法、等离子体法、光催化法、燃烧法等。此类方法损失了大量的油品，本节不做进一步讨论。

2. 油品的回收技术

从原理上来说，目前油气回收技术分为四种：吸收法、吸附法、冷凝法、膜分离法。这四种方式各有优缺点及适用范围。因此在实际工作中，对于油气回收技术水平要求高的场合，往往采用组合工艺进行油气回收。常见的组合工艺有：冷凝—吸附组合工艺、吸收—膜分离组合工艺、冷凝—膜分离—吸附组合工艺等。

（1）冷凝—吸附组合工艺。此组合工艺先采用多级连续冷却的方法降低油品的温度，一般为二级。第一级为预冷，冷凝温度设为 2℃，将油气中的水蒸气冷凝下来，同时使进入低温冷凝器的油气状态标准化；第二级冷凝温度设为 -80℃，将 95% 的油气冷凝下来。未被冷凝下来的 5% 油气进入活性炭吸附罐。一般设置两个吸附罐交替工作，一个吸附饱和后进行解析，另一个可以用于吸附。

此套组合工艺结合了冷凝法和吸附法的优点，减少了二次污染。

（2）吸收—膜分离组合工艺。由于膜分离只是将油气浓缩，而不能将油气以 100%

的纯度分离出来，因此对于排放要求高的炼油厂、油库，冷凝—膜分离组合工艺更高效、合理。油气体积含量 40% 的混合气体经液环压缩机，将气体的压力提高到操作压力约 3.5×10^5Pa（绝对压）后进入吸收塔，在塔内通过切向旋流将环液与压缩蒸气分离。塔内蒸气在向上流时，经喷淋塔填料与喷淋而下的液烃逆流接触，蒸气内部的部分轻烃类被高效地回收富集，剩下的蒸气/空气混合物经塔顶流出后进入膜分离系统，进行进一步的分离。

（3）冷凝—膜分离—吸附组合工艺。对于油气排放要求更高的场合，还可以采用冷凝—膜分离—吸附的组合工艺。先采用冷凝预处理，分离出部分油气后，进入膜分离工艺，膜分离产生的低含量尾气再经活性炭或树脂吸附。油气回收效率可达到 99% 以上，经济合理。

油气减排首先采用降低油罐内温差、提高油罐承压能力、消除油面上的气体空间等措施，从源头上减少油品的挥发。对于挥发出来的油气，优先采用吸收法、吸附法、冷凝法、膜分离法或复合工艺进行回收利用。最后可采用生物法、等离子法、光催化氧化法、燃烧法等销毁措施进一步减少油气挥发对环境的污染。

第三节　工艺过程节能减排技术

一、化工工艺中运用节能损耗技术的重要意义

（一）控制企业成本的需求

随着经济的飞速发展，人们为了控制成本，提高利润，越来越重视生产过程中的节能减排，化工企业也不例外，不断完善化工生产工艺，在化工生产过程中运用节能减排技术和设备。另外还通过研究相关节能减排技术的有效性，提高能源的利用效率。在使用节能减排技术的过程中，优先使用高科技的节能减排技术，不断完善改进重要的工艺设备，进一步达到节能减排的目的。

（二）绿色化工的需求

当前人们的生活理念正在随着经济技术的发展不断变化，越来越重视物质生活，但同时会造成大量的资源消耗，进而产生许多工业废弃物。在生产生活中，人们排放的化

学制品的残留，引发了如水资源破坏、空气严重污染、全球变暖等生态环境问题，对人类生活和自然界的生态平衡造成了极大的影响。此外，工农业快速发展，为有毒化学物质的排放提供了可能。特别是化工产品生产的过程中，大量有毒物质排出，如果不经过科学的处理，这些有毒物质就会对人的身体健康造成影响，还会给生态环境造成致命的影响，所以，应该在化工生产中采取合理的措施使其实现节能减排的目的。

二、化工工艺中常见的节能减排技术方法

化工企业包括众多类型，所以在具体实践中应该根据实际情况，分析其工艺属性和类型，采用不同的工艺技术，使整体节能减排的需求得到满足。

（一）选择合适的工艺条件

在改善工艺阶段，为了使化工外部反应压力降低，有效地控制其反应温度，应该选择合适的工艺条件，使整体工艺形式要求得到满足。首先应该采用科学的计算方法，对化工反应外部压力进行明确，受特殊规避手段的制约，为了使化工反应的稳定性得到提升，在输送系统阶段，应该分析其压缩性能；另外还需要对其吸热温度进行合理的控制，过高的吸热温度会影响能量的应用，对实施化工工艺造成不利影响。想要提升化工反应的转化效率，应该减少产生各种副产物，使整体能量利用率得到提升。一般在具体应用阶段使用合理的催化剂，可以提升整体反应效率。

（二）新工艺形式的落实

随着全球经济的飞速发展，需要对先进的生产理念和工艺形式进行积极学习，达到节能减排的目的。根据化工反应的具体形式要求，可以推广整流技术与分离结晶等技术形式，使化工工艺性能得到提升。另外化工工艺明确规定了转换功能的形式，当前广泛运用的工艺便是技术节能形式。超声波在线处理技术在信息技术的基础上，综合应用了变换气制碱技术、再压缩技术、大型化水煤浆气化技术、吸附精馏法及供热电联产等技术，具有更加明显的优势。

（三）新型设备的选用

在化工工艺中性能较好的生产设备发挥着重要的作用，可以使生产效率得到提升，还可以减少不必要的能量浪费。根据换热器、电机拖动系统、高效分馏设备等的需求，需要优化处理生产设备，如在应用变频电机系统的过程中，为了使其节能效果更好，可

以制订适合变频系统的调速方案。化工工艺中阀门动态和静态调整方案不同，所以需要依据拖动系统运行的情况，使装置低负载率的情况得到解决。另外，在分析供热系统优化组合的过程中，应该防止发生高热抵用情况，有效地结合各个装置，扩大冷、热能源流的转换范围，进而提高其热能的利用效率，降低损耗。

（四）对回收系统合理的应用

我国化工企业普遍存在着废水回收系统利用率较低的情况，对再次利用冷凝水要求相对严格。如果对其进行开放利用，就会导致出现降温闪蒸情况，为了使其操作更加节能，应该有效地利用回收系统。在生产过程中，高温凝结水回收装置发挥着重要的作用，使冷凝水实现了多次利用，起到节能减排的效果。另外污水处理常用的工艺还有氧化沟、A2/O、CAST 工艺、UNITANK 等。

总之，化工工艺节能减排技术应用效果的优化，会使行业整体经济效益得到进一步提升，所以相关人员应该对应用化工工艺节能减排技术给予充分的重视，对节能减排技术方法进行深入的研究，最大限度地减少能源消耗，进而实现可持续发展。

三、煤气化工节能减排技术现状

（一）火炬系统伴烧介质的解决技术

具体来说，该介质的选择意义重大，关系着煤气化工艺能量的利用率。到现在为止，业界人士推出了相关技术，即尽可能地发挥装置系统自身的潜能，将一股 CH_3OH 合成尾气从硫回收装置的液化气管线中引出，然后利用相应的管线将其输送到火炬燃料气系统。在装置启动过程中采用液化气点燃长明灯，当系统在常温条件下工作一段时间以后就采用弛放气点燃长明灯。该方法具优势显著，煤气化工艺当中的产物得到循环利用，降低了化工原材料的消耗，节能效果良好，妥善解决了火炬系统中的诸多问题。某煤化工企业在生产车间中引入了这个技术，经过一年的运行，为企业节省原料成本 360 万元。

（二）煤气化洗涤循环水处理技术

煤气化企业生产中的主要原料就是煤，其中一般都含有硫元素，因此，洗涤循环水里面包含一定量的硫，需要选择科学合理的方法来处理硫化物与悬浮物。在实践中大多通过以下方法来完成：首先，加入烧碱进行中和反应，以此来增加循环水中的含盐量，使其化学腐蚀和电化学腐蚀性能有所提高，控制好悬浮物的沉降现象。然后，投入阴离子型聚丙烯酰胺絮凝剂，利用它将其中的悬浮物除去。有关研究结果指出，这种絮凝剂的消耗量较少，同时所得效果也较好，值得注意的是，各个公司的循环水水质存在一定的差异，因此，每家公司应在充分兼顾自身具体情况的基础上确定最佳絮凝剂，以减少排污量，降低经营成本。

1. 循环水悬浮物的控制

对一期循环水进行处理时，先加入烧碱，发生中和反应以后使其中的含盐量处于 130kg/m³ 左右，此时循环水的腐蚀性有所增强，很难将里面的悬浮物沉淀下来。所以，某企业不断加强对该课题的研究，采用新技术，利用汽巴精化 1011 阴离子型聚丙烯酰胺絮凝剂来处理循环水，与传统的方法相比，可以更高效地去除循环水中的悬浮物，并且用量明显减少。

采用传统方法处理时，所遇到的问题比较多。为提高处理效果，该企业在循环水工艺中配置了微涡流塔板澄清器，投产一年以后发现，该方法能够明显改善冷却塔填料的堵塞问题，使半水煤气温度有所降低，提高了循环水的重复利用率。详细流程如下：从造气洗气塔下方流出的热水到达平流沉淀池，此处沉淀着很多煤灰；然后采用热水泵将其与絮凝剂均输送到微旋涡斜管沉降池，在这里分离含细小煤尘污水；随后，使分离以后得到的清水流到凉水塔冷却，重复利用，全程没有废水排出。该项目投资数额是 200 万元，投产之后出口水中悬浮物含量明显降低，冷却效果得到改善，且一次置换水用量大幅减少。

2. 循环水硫化物含量的控制

包括 2 个基本措施：第一，曝气吹脱洗涤水脱硫化氢，然后采取合理的方式处理吹脱气，回收硫黄。该措施不必添加许多碱来调节酸碱度，防止了盐量的增加，可长期运转，也避免了设备腐蚀现象，不会污染到大气，但是成本却有所增加。第二，对 pH 值进行调节，减少硫化氢的吸收。例如，向其中添加烧碱或石灰，前者会产生一定的硫化物，使溶解盐含量逐渐增多，部分硫化氢排到大气中。而石灰的加入尽管不会导致盐类累积现象，却会造成系统结垢。在洗涤水入口处水温对偏高，因此应当持续加入石灰来调节洗涤水 pH 值。

（三）合成气冷却器积灰问题的解决技术

某企业针对这一问题进行了大量研究，总结出以下 2 个处理措施：第一，适当改造吹灰器；第二，适当调整敲击器敲击频率。结果表明，煤气化工艺过程中，积灰基本上分布在吹灰器（过热器顶部）之中。所以，需要适当改造吹灰器的结构。该企业科研团队经过研究，在其半圆形管道上设置上小孔，这样可以有效吹除表面疏松灰尘。除此之外，在振动除灰中，敲击器敲击频率与除灰效果有着非常紧密的关系，二者存在正相关性，适当将敲击频率提高能够提升除灰效率。

综上所述，煤气化工艺节能减排问题关系着该产业的可持续发展，在此领域中存在诸多煤气化工艺节能减排技术，例如，火炬系统伴烧介质的解决技术、洗涤循环水处理技术、合成气冷却器积灰问题的解决技术等，某煤气化企业在生产过程中引入了上述几种技术，长期的实践表明，各项技术的应用，解决了部分节能减排问题，不但提高了原料的利用率，而且实现了工艺产物的循环利用，同时提高了除灰效率，减少了不达标污水的排放，因此，上述各种技术具有较高的推广价值。

第四节　热力节能减排技术

为满足社会发展对电力能源的需求，电厂生产规模不断加大，而生产所需的能源主要为煤炭，虽然近年来生产技术与设备不断更新，并取得了一定的成果，但是为更好地实现节能减排，还需要对电厂热力系统进行优化。确定热力系统优化方向，总结电厂生产特点，采取合理的措施进行节能减排分析，提高资源利用效率，从根本上提高系统运行综合效益。

一、电厂热力系统节能分析

电厂热力系统比较复杂，包含的设备构件数量多，主要是利用汽水管道将锅炉、水泵、汽轮机等热力设备按照一定顺序连接成为一个整体。整个系统可以有多个子系统，且各子系统间相互联系，各自发挥相应功能，满足系统生产需求，主要分为中间再热系统、给水回热系统、废热利用系统以及对外供热系统等。电厂传统热力系统生产所需能耗大，为达到节能降耗目的，需要结合其所具有的特点，积极应用各项新型技术与设备，对传统系统进行优化改造，并且对产业结构进行调整，促进技术进步。通过机组的设计优化配置相应设备，并建立监控系统，对整个电力系统运行状态进行实时监控，及时掌握其生产动态，便于管理方案的调整，在提高生产效率的同时控制能耗，提高系统运行综合效率。

二、电厂热力系统节能减排优化方向

（一）系统运行诊断

节能减排已经成为电厂研究要点，许多电厂逐渐采取了一系列措施进行优化，包括设计施工、管理调整以及技术改造等。想要提高热力系统运行效率，降低生产能耗，根本上需要对锅炉以及汽轮机等设备进行节能改造，提高主机热效率，降低设备运行损耗。这样就需要以热力系统相关理论为基础，对热平衡查定出具、热力试验等进行综合分析、诊断与优化，确定系统运行存在的能耗问题，且对问题发生原因与分布方式进行分析，判断此方面节能优化所具有的潜力，最终选择合适的技术实施改造。对系统运行进行节能诊断，确定科学合理的节能技术，为进一步实施节能技术创造条件，最终实现整个生产系统的优化。

（二）系统能耗检测

基于电厂热力系统理论，利用微机技术对系统运行参数进行检测，实时分析系统运行所需能耗，以及能耗分布点，将其作为节能优化改造的依据。在确定能耗分布点后，结合热力系统实际运行情况，分析确定能耗主要原因，及时制订调整方案。然后安排专业技术人员有针对性地采取措施进行维护，提高机组运行效率，并将运行能耗控制在允许范围内。另外，应积极应用各项新型技术，实现微电子技术与热力系统的有机结合，随时掌握系统运行能耗状态，提高管理效果。

（三）消耗监督体制

加强对电力系统机组运行参数以及能耗的监控，建立生产节能监督体制，对生产管理结构进行调整，保证整个生产活动有计划、有措施、有目的地进行，由表及里、由浅入深地开展节能减排管理工作，将此理念贯彻到各个生产环节，做好不同生产系统的有效控制。

三、电厂热力系统节能减排措施研究

（一）改造锅炉空气预热器

在电厂实际生产中，影响锅炉燃烧效率的主要因素之一即为锅炉空气预热器漏风，造成锅炉燃烧损耗增大。此类问题在生产中比较常见，大部分电厂已采取了各项措施进行优化，并取得了良好的效果。例如现在比较常用的VN密封技术，对锅炉空气预热器进行改造，可以有效改善设备漏风问题，保证机组在额定负荷运行时一次风有足够裕量，减少排烟造成的能量损失，且降低了飞灰含碳量。通过对锅炉空气预热器的优化，消除了漏风问题，还可以送、引风机运行所需供电流，减少了系统运行中的电能损耗。

（二）蒸汽系统改造优化

对生产蒸汽系统进行改造优化，降低蒸汽使用量，达到降低生产能耗的目的。在电厂热力系统中，对蒸汽系统的机型进行改造，利用热力系统蒸汽冷凝液余热来代替低压蒸汽。此种设计方案不但可以减少对低压蒸汽的利用量，而且可以实现对冷凝液余热的回收利用，获得更大经济效益。

（三）排烟余热回收利用

锅炉系统运行会排放大量的烟雾，而烟雾的排放会损失大批热量，这类热量随着烟雾被排放到自然环境中，不但会造成热力系统热量损失，同时还会对生态环境产生污染。因此，在进行节能减排研究时，需要采取措施来对此类热量进行回收利用，提高排烟余热的利用效率。将锅炉系统余热回收利用作为研究要点，设置余热回收节能设备，并在锅炉末端安装低压省煤器，使其可以与热力系统形成良好的引水位置，将烟雾余热进行有效回收，降低损耗的同时提高资源的利用效率。

（四）循环冷却水余热回收

电厂热力系统常用发电机组主要包括三种，即纯凝式发电机组、抽气式发电机组以及抽凝式发电机组，在纯凝式发电机组的实际应用中，燃料燃烧总发热量仅有35%左右会转化为电能，而大部分电能会通过汽轮机凝汽器冷却水以及锅炉烟囱散失到系统外环境中，且又以循环冷却水带走的热量占大部分。就电厂发展现状来看，基本上选择用抽凝式发电机组生产，且为满足实际生产需求，逐渐引入大容量高参数设备。此种机组在实际生产中，会有一部分热量随循环水排放到环境中，如低压加热器疏水冷却释放的热量、排入凝汽器蒸汽释放的凝结热等。大容量高参数设备在额定供热状态下运行时，循环冷水通过凝汽器带走的热量可占到全部热量的15%以上，存在极大的能量损耗问题。因此，在进行节能减排优化设计时，需要就此类损失的热量进行有效回收。

（五）锅炉制粉系统改造

锅炉制粉系统能耗与效率在很大程度上影响了机组运行电耗，因此需要对其进行节能减排优化设计，降低制粉单耗，提高系统运行效率，控制系统运行供电煤耗。例如湖北省某电厂，对炉磨煤机进行了密封系统的改造，并安装了料位监控系统，及时掌握制粉系统运行状态，对系统进行了有效调试，提高了制粉率。与早期系统运行损耗相比，单耗降低了 3.12kmh/t，供电煤耗降低了 3.45g/kwh。

（六）化学补充水系统改造

大部分电厂均应用了抽凝式发电机组，在生产过程中，设备的化学补充水会进入热力系统中，最终进入凝汽器与除氧器内。其中，在进入凝汽器阶段，化学补充水可以初步完成除氧目的。以提高系统运行综合效率为目的，结合汽轮机内部空间环境特点，对其进行改造，提高回热系统运行经济效益。将化学补充水改造成物态形式进入凝汽器内，可提高高位能蒸汽量效果，提高设备回热效率。

电厂生产效率关系着电力能源能否满足实际生产生活需求，而基于持续发展理念，在对电厂生产系统进行优化时，除了要提高生产效率外，还需要降低生产损耗。应积极引用各项新型技术，对现有电力系统进行优化，提高各子系统运行效率，并实现部分能量的回收利用，将节能减排理念贯彻到底。

第五节　新能源节能减排技术

一、节能减排面临的国际国内严峻形势

进入 21 世纪，人类面临着人口急剧增加、土地逐渐减少、粮食所需紧迫、资源趋向枯竭及环境日益恶化等难题。此外全球温室效应加速了各种灾害的发生，联合国开发计划署发表的《2007—2008 年人类发展报告》中分析了地球温室气体排放导致气候的变暖。报告要求发达国家 2020 年前将排放量在 1990 年的基础上减少 30%。

至 2021 年 11 月在英国格拉斯哥举行的"联合国气候变化框架公约"大会，国际社会已举行了 26 次会议。在格拉斯哥会议上提出维护多边共识、聚焦务实行动、加速绿色转型三点建议。应对气候变化等全球性挑战，多边主义是良方，只有行动，才能将愿

景变为现实,要以科技创新为驱动,推进能源资源、产业结构、消费结构转型升级,推动经济社会绿色发展,探索发展和保护相协同的新路径。发达国家在推动应对气候变化举措落地措施时不仅自己要做得更多,还要为发展中国家做得更好提供支持。

(一)矿产资源枯竭与现有经济增长方式的矛盾日益尖锐

众所周知,95%的能源、80%以上的工业品和农业生产资料均来自矿产资源。45种主要矿产资源中,铁、锰、铬、铜、钴、金、银、铂、钾盐、石油及天然气等供需矛盾现在已十分突出,有些矿产资源在21世纪内甚至枯竭消失。中国的矿产资源总量约占世界的12%,45种主要矿种供需矛盾日益突出,正在面临着前所未有的巨大挑战。以山东为例,该省矿产资源丰富,产业结构偏重工业,过去是煤、油、电输出大省,如今变为煤和原油的输入大省。云南、青海、安徽、广西及甘肃等其他省也都处于能源困境。

(二)汽车对能源的消耗以及对环境的污染愈演愈烈

中国是贫油国。2019年底全球世界石油探明储量为1.73万亿桶,2446亿吨,储采比为49.9。其中中国储量为36亿吨,占全球储量的1.5%,储采比18.7,可见石油储量愈发有限。中国必须大力发展新能源汽车,走低碳经济之路。近年来,中国政府针对新能源汽车从研发生产、资金投入、市场推广、产业和财税政策、维护和售后服务等全过程出台并实施一系列扶持政策。这些政策对节能和新能源汽车的发展起到了很大的引导和推动作用。

(三)碳排放权交易市场方兴未艾

按《京都议定书》约定,目前全球已建碳交易平台20多个,遍布除非洲以外的四大洲。中国于2007年7月在浙江嘉兴率先成立了交易机构,并于2007年11月1日起,对所有新建项目都执行购买治污减排费。2010年11月1日,北京市也开始出台此政策。

二、低碳时代,循环经济及中国的节能减排进程

2009年我国新的《可再生能源法》出台,体现了低碳和发展循环经济的理念。

(一)发展新型矿业循环经济

在矿业中,利用数字技术,大力推广太阳能、地热能、生物能和其他新能源或可再生能源,开发新的加工业,创造新产品,从油田、煤矿、宝玉石矿、金属矿山及稀有金属矿山等的废弃物中提取有用物质重复利用,增加其附产品的价值。例如煤矿发展煤焦

化工业、利用煤矸石发电、利用粉煤灰延伸建筑和建材工业链。延伸电力工业链和机械设备链，回收利用废水、废气、废矿渣，提高资源的综合利用率。矿山开采后的土地复垦、环境治理，尾矿坝的改造治理，资源枯竭后的矿山可持续发展，都应被纳入新型矿业循环经济的范畴之内。

（二）矿产资源枯竭城市实施经济转型

我国矿业城市为78座（这个数字将随矿业开采或新的矿产资源的探明和储量延伸而变化），涉及人口达1.54亿。20世纪中期建设的矿山，2/3已进入了老年期。具有百年以上历史、号称中国"煤都"的辽宁阜新，于2001年被列为中国首个经济转型试点市；云南个旧、"铜都"大冶、贵州铜仁、黑龙江大庆、四川自贡、中国第二金城灵宝等44座矿产资源型城市由于资源枯竭，也于2009年被国家批准为经济转型市。

（三）日常生活中大力推行低碳措施

使用节能荧光灯，禁用塑料袋，减少电器的待机状态，提倡步行，乘坐自行车、公交车出行，甚至控制畜牧业等，都对节能减排大为有益。在日常生活中，类似这样的节能减排措施还有很多。

（四）我国节能减排应对策略和时间进度

早在20世纪90年代后期，我国已开始广泛地宣传节能减排；2007年正式建立了国家应对气候变化和节能减排工作领导小组，出台了一系列政策措施；当年6月发布了《中国应对气候变化国家方案》，11月公布了制定的有关能耗、污染物减排统计、监测、考核体系实施方案等六项法规，为调整、改善经济能源结构，提高能源利用效率提供了保障。当年全国关闭5万千瓦以下小火电超过了1 000万千瓦，2008年为1 400万千瓦，这一数字正在逐年增加。

2007年还出台了《可再生能源法》，大力发展可再生新能源，制订了中长期发展规划；2009年末又修订了该法，大幅度提高指标，例如风能由原订的5 000万千瓦增到了1亿千瓦。从2010年起，将能耗降低和污染减排指标完成情况纳入各地经济社会发展综合评价体系，使其成为对政府各级领导和企业负责人进行综合考核的重要内容之一，是国家实施节能减排的强制政策。2010年实现单位国内生产总值能耗比2005年降低20%左右。可再生能源在一次能源供应结构中比重提高10%。

三、积极开发新能源

我们在开展节能减排工作的同时,必须开发新的能源、可替代的能源、可转化的能源、可再生的能源、清洁的能源,主要包括七大新能源:煤层气、风能、光能、核能、生物能、小水电及其他新能源。

煤层气。煤层气是煤矿的有害气体,也称为瓦斯,主要成分是甲烷(CH_4)。矿井瓦斯爆炸造成的人员伤亡是十分可怕的,但掌握了它的特性,变害为宝,它就会成为一种十分有利用价值的新能源。甲烷还来自垃圾填埋场和石油天然气。我国贫油贫天然气,天然气的已探明储量为7 000亿立方米,但煤层气资源丰富,约36万亿~46万亿立方米,华北地区更是煤层气聚集区,但开发起步较晚。现在,在全国401座含高瓦斯和瓦斯突出(超10 m^3/t)煤矿中,已有60%以上成功从地面及生产矿井中抽取瓦斯,输送给城市居民和工业用。

风能。风能是地球上取之不尽而又清洁的可再生新能源之一,在各项新能源中,技术相对成熟,生产关系相对简单。有风就能换来电,非常有利于节能减排。进入21世纪以来,风能一直是世界上增长最快的能源。中国风能储量巨大,居世界首位。

太阳能。我国最早形成产业化的新能源就是太阳能。我国还是全球太阳能热水器和光伏电池生产量最大的国家,广泛开展和应用了太阳能热水器、太阳房、太阳灶、太阳能温室大棚等热利用技术。与传统化石能源比,光伏能降低温室气体和污染物排放,是今后新能源发展的一个方向。

生物能。生物能包括沼气、生物乙醇、生物柴油及生物氢等。联合国粮农组织称生物能对解决全球面临的能源问题,特别对推动中国农村的发展有积极的意义。

我国是一个农业秸秆大国,各种农作物秸秆约有6亿t,可用于能源的约有4亿t;林业生物资源也十分丰富,57万平方千米的荒山荒地和近100万平方千米的边际地都可培育为能源林,一次种植可利用几十年;果实含油量40%以上的植物有150余种,产量约500万吨,可提炼生物燃料,作为能源利用的约为3亿吨。到2006年底,国家批准的秸秆发电项目已达50处,总装机容量达150万千瓦。

核能。核电是将核能转为电能的新能源。目前我国正在运行的核电站有16座,总装机容量5560万千瓦。我国原来调整能源结构优先选择的是加快发展核电,但2011年3月11日由于日本9级特大地震引发海啸造成的福岛核电站事件,给世界各国发展核电带来了巨大的打击。

水能。在我国能源结构调整中，开发利用传统水能资源也是必然选择之一。发达国家水能开发利用率平均已超过 60%，而我国目前只达到 24%。我国河流众多，是世界上水能资源最丰富的国家之一，发展潜力巨大。在做好生态保护的基础上，有序加快水电发展，对缓解能源供需矛盾、改善能源结构、促进社会经济可持续发展具有十分重要的战略意义。

其他新能源。其他新能源包括地热能、潮汐能、生物质能等。

综合以上对新能源（不可再生和可再生能源）的考量，可得出这样的图景和思考。

全世界都在关注新能源的开发和利用，但是发展十分不平衡，先行的发达国家已达到一个较高的发展水平，发展中国家特别是一些落后国家被远远抛在了后面。

近几年来，节能减排、提高资源利用率、保持生态平衡、发展绿色经济、治理污染、建立工农业生产循环链、推动科技创新、开发新能源等已经切实融入我国的经济发展新模式。

我国新能源开发已经起步，但有的领域进展很快，有的领域发展相对迟缓，有的领域还在试验中，发达与落后地区发展不平衡。低效率、高能耗、高污染问题在小火电、钢铁冶炼、电解铝、铁合金、焦炭及平板玻璃等行业中比较突出，要加快技术改造，淘汰落后的生产设备，大力开发新能源。

在我国的新能源开发中，应注意发展和使用有自主创新知识产权的高新技术。

在实施环节中，管理水平和相关方针政策落实力度跟不上生产建设的飞速发展，许多方面存在着体制性缺陷，例如发展风能、光能及农业生物能，上网电价、安全和补偿机制等均存在着瓶颈问题，影响了新能源的进一步的发展。我们应进一步科学完善地解决管理体制和激励政策机制方面的瓶颈问题。

第六章 主要领域节能减排应用

第一节 燃煤工业锅炉的节能减排

随着我国经济社会的发展，人民生活水平的提高，对能源的需求量急剧增大，锅炉的数量急速增长，其节能管理和安全管理问题日益突出。据统计，2021年全国原煤产量完成41.3亿吨，同比增长5.7%，创历史新高；煤炭进口量3.23亿吨，同比增长6.6%，创下2013年以来的新高。因此，提高锅炉的热效率、节约燃料尤为重要。锅炉的特点是将各种能量转换为热能而加以利用，包括能量的转换与有效利用两方面。因此，锅炉的节能重点是能量的有效利用与合理使用。

一、我国锅炉使用现状和存在问题

燃煤工业锅炉存在以下主要问题：

（1）单台锅炉容量小，设备陈旧老化。由于锅炉容量小，生产厂家混杂，产品质量参差不齐；锅炉平均负荷不到65%，普遍存在"大马拉小车"现象。

（2）锅炉自动控制水平低，燃烧设备和辅机质量差、鼓引风机不配套。在用工业锅炉普遍未配置运行检测仪表，操作人员在调整锅炉燃烧工况或负荷变化时，由于无法掌握具体数据，不能及时根据负荷变化调整锅炉运行工况，锅炉、电机的运行效率受到了限制，造成了浪费。

（3）使用煤种与设计煤种不匹配、质量不稳定。工业锅炉的燃煤供应以未经洗选加工的原煤为主，其颗粒度、热值、灰分等均无法保证。燃烧设备与燃料特性不适应，当煤种发生变化时，其燃烧工况也会相应发生变化。

（4）受热面积灰、炉膛结焦。工业锅炉采用的燃料品质参差不齐，黏结性物质增多，锅炉受热面结焦、积灰严重。目前清除锅炉结焦、积灰的主要方法为机械方法和化学方法，但由于结焦、积灰成分的不同及各锅炉结构的差异，清除效果不明显。

（5）水质达不到标准要求，结水垢严重。依据 GB1576-2008《工业锅炉水质》标准的规定，在用工业锅炉均应安装水处理设备或锅内加药装置，但实际上仍有很大一部分工业锅炉水质严重超标。

（6）排烟温度高，缺乏熟练的专业操作人员。由于产品技术水平和运行水平不高，大多锅炉长期在低负荷下运行，造成不完全燃烧和排烟温度升高，热损失增大。

（7）污染控制设施简陋，多数未安装或未运行脱硫装置，污染排放严重。锅炉是我国大气环境污染物的主要排放源之一。

（8）冷凝水综合利用率低，节能监督和管理缺位等。

二、我国锅炉节能管理现状

《中华人民共和国节约能源法》第十六条规定："对高耗能的特种设备，按照国务院的规定实行节能审查和监管。"为了满足特种设备节能减排工作的实际需要，根据《节约能源法》的规定，2009 年 5 月 1 日起施行的《特种设备安全监察条例》在特种设备设计、制造、使用、检验检测等环节，增加了有关特种设备节能管理的规定，主要有以下方面：设计要求、锅炉设计文件鉴定、新产品（首台产品）能效测试、能效标识、监督检验节能检查、作业人员节能培训考核、锅炉水处理和化学清洗、定期检验中的节能检查和能效测试、节能改造、节能检验报告、节能监督检查、节能淘汰等制度。2009 年 5 月 26 日，国家质量监督检验检疫总局局务会议审议通过了《高耗能特种设备节能监督管理办法》，于 2009 年 9 月 1 日起施行。该办法的实施加强了对高耗能特种设备节能的审查和监管，有利于提高能源利用效率，促进节能降耗。国家标准化管理委员会于 2009 年 10 月 30 日发布了 GB24500-2009《工业锅炉能效限定值及能效》、GB/T15317-2009《燃煤工业锅炉节能检测》、GB/T24489-2009《用能产品能效指标编制通则》等国家标准，并于 2010 年 9 月 1 日起实施。这些标准的实施在淘汰高耗能产品、促进企业技术进步、加强政府节能管理的宏观调控等方面发挥了重要作用。

目前，我国节能的法规政策正逐步完善，但现有的节能政策、措施在协调配套性、可操作性等方面与适应市场经济的长效节能战略管理、监督、激励机制等方面还有待深入探索。工业锅炉节能技术和产品研究开发力量薄弱、分散，节能技术和产品推广不力。

三、我国现有的锅炉节能技术

现有锅炉节能技术主要有以下方面:

(1) 锅炉燃烧节能技术。在保证完全燃烧前提下的低空气系数燃烧技术;充分利用排烟余热预热燃烧空气和燃料的技术;富氧燃烧技术等。实现低空气系数燃烧的方法有手动调节,用比例调节型烧嘴控制,在烧嘴前的燃料和空气管路上分别安装流量检测和流量调节装置、空气预热的空气系数控制系统、微机控制系统等。

(2) 锅炉的绝热保温。对高温炉体及管道进行绝热保温处理,将减少散热损失,大大提高热效率,取得显著的节能效果。常用的绝热材料有硅酸铝纤维、岩棉、玻璃棉、复合硅酸盐保温材料、硅藻土轻质浇注料等。

(3) 工业锅炉燃烧新技术。应用在工业锅炉上的燃烧新技术有十多种,主要有分层层燃系列燃烧技术、多功能均匀分层燃烧技术、分相分段系列燃烧技术、抛喷煤燃烧技术、炉内消烟除尘节能技术、强化悬浮可燃物燃烧技术、减少炉排故障技术等。

(4) 新炉型、新技术在锅炉改造中的应用。主要有沸腾炉在锅炉改造中的应用、循环流化床燃烧技术在锅炉改造中的应用、煤矸石流化床燃烧技术的应用、对流型炉拱在火床炉改造中的应用等。

四、我国锅炉节能潜力分析

我国现有中小锅炉约 50 万台,由于种种原因,如结构设计不合理、制造质量不良、辅机配套不协调、可用煤种与设计不符、运行操作不当等,都会造成锅炉出力不足、热效率低下和输出参数不合格等问题,结果是能源消耗量过大,甚至不能满足生产要求。锅炉设计效率为 72%~80%,实际运行效率只有 65% 左右,比国际先进水平低 15%~20%。这些中小锅炉中 90% 都是燃煤锅炉,节能潜力很大。因此需要用节能技术对工业锅炉进行必要的改造,以消除锅炉缺陷及改进燃烧设备和辅机系统,使其与燃料特性和工作条件匹配,使锅炉性能和效率达到设计值或国际先进水平,从而实现大量节约能源和环境保护的目的。例如,某化工公司 1 台 20t/h 平面流循环流化床,经改造后,原煤耗由 100t/d 下降到 85t/d,产汽由 18t/h 上升到 21t/h,年节约达 300 万元,3 个月即收回投资。如以单机容量 10t/h 为计算基数,流化床锅炉效率由 62% 提高到 80%,以年运行 5000h 计,则年节省原煤(20935kJ/kg)2180t,折合标煤 1560t,节能率 22.5%,

减排二氧化碳折合109t碳。如全国工业锅炉有30%进行了节能改造，按效率提高15%计，全国年节省标煤1290万t，减排二氧化碳折合903万t碳。因此市场潜力巨大，经济效益和社会效益均好。

对于半新以下的锅炉，建议采取技术改造措施解决问题；对于接近寿命期的锅炉，则以更新为佳；确定采取何种措施时，应以技术先进、成熟、经济合理为原则。由于以上问题比较普遍，通过技术改造和完善管理等措施，仅燃煤锅炉一项的节煤潜力就有7000万t标准煤。

五、推进我国锅炉节能减排工作的建议和措施

（一）锅炉节能减排工作的建议

为推进锅炉节能减排工作的开展，针对我国锅炉的现状，建议如下：

（1）更新、替代低效锅炉。采用新型高效锅炉房系统更新、替代低效锅炉，提高锅炉热效率。采用循环流化床、燃气等高效、低污染工业锅炉替代低效落后锅炉，推广应用粉煤和水煤浆燃烧、分层燃烧技术等节能先进技术。

（2）改造现有锅炉房系统。针对现有锅炉房主辅机不匹配、自动化程度和系统效率低等问题，集成先进技术，改造锅炉房系统，提高锅炉房整体运行效率。加强对中小锅炉的科学管理，对运行效率低于设备规定值85%以下的中小锅炉进行改造。

（3）推广区域集中供热。集中供热比分散小锅炉供热热效率高45%左右，指导在现有集中供热有效范围内的企业逐步以集中供热的方式替代工业小锅炉和生活锅炉。既帮助企业节约了成本，又解决了企业生产场地及环境污染的问题。

（4）建设区域煤炭集中配送加工中心。针对目前锅炉用煤普遍质量低、煤质不稳定、与锅炉不匹配、运行效率低的问题，建设区域锅炉专用煤集中配送加工中心，扩大集中配煤、筛选块煤、固硫型煤应用范围，主要侧重于北方地区。

（5）示范应用洁净煤、优质生物型煤替代原煤作为锅炉用煤，提高效率，减少污染；推广使用清洁能源。

（6）工业锅炉加装余热回收装置。加装蒸汽余热回收装置，对有机热载体炉的尾部高温烟气进行回收二次利用，使锅炉烟气温度降低至150~200℃。

（7）加强锅炉水处理技术工作。据测算，锅炉本体内部每结1毫米水垢，整体热效率下降3%，而且影响锅炉的安全运行。采取有效的水处理技术和除垢技术，加强对锅

炉的原水、给水、锅水、回水的水质及蒸汽品质检验分析,实现锅炉无水垢运行,整体热效率平均可提高10%。

(二)部分技改措施

(1)给煤装置改造。层燃锅炉燃用的都是原煤,其中占多数的是正转链条炉排锅炉,原有的斗式给煤装置,使得块状、粉状煤混合堆实在炉排上,阻碍锅炉进风,影响燃烧。将斗式给煤改造成分层给煤,即使用重力筛选将原煤中块状、粉状煤自下而上松散地分布在炉排上,有利于进风,改善了燃烧状况,提高煤的燃烧率,减少灰渣含碳量,可获得5%~20%的节煤率,节能效果视改前炉况而异,炉况越差,效果越好。投资很少,回收很快。

(2)燃烧系统改造。对于正转链条炉排锅炉,这项技术改造是从炉前适当位置喷入适量煤粉到炉膛的适当位置,使之在炉排层燃基础上增加适量的悬浮燃烧,可以获得10%左右的节能率。但是,喷入的煤粉量、喷射速度与位置要控制适当,否则,将增大排烟黑度,影响节能效果。对于燃油、燃气和煤粉锅炉,燃烧系统改造即用新型节能燃烧器取代陈旧、落后的燃烧器,改造效果也与原设备状况相关,原设备状况越差,效果越好,节煤率一般可达5%~10%。

(3)炉拱改造。正转链条炉排锅炉的炉拱是按设计煤种配置的,有不少锅炉不能燃用设计煤种,导致燃烧状况不佳,直接影响锅炉的热效率,甚至影响锅炉出力。按照实际使用的煤种,适当改变炉拱的形状与位置,可以改善燃烧状况,提高燃烧效率,减少燃煤消耗。现在已有适用多种煤种的炉拱配置技术,这项改造可获得10%左右的节能效果,技改投资半年左右可收回。

(4)将层燃锅炉改造成循环流化床锅炉。循环流化床锅炉中的煤粉是在炉膛内循环流化燃烧的,所以,它的热效率比层燃锅炉高15%~20%,而且可以燃用劣质煤;由于可以使用石灰石粉在炉内脱硫,所以,不但可以大大减少燃煤锅炉的SO_2排放量,而且其灰渣可直接生产建筑材料。这种改造已有不少成功案例,但它的改造投资较高,约为购置新炉费用的70%,所以,要慎重决策。

(5)采用低耗电量的变频技术对锅炉辅机进行节能改造。燃煤锅炉的主要辅机——鼓风机和引风机的运行参数与锅炉的热效率和耗能量直接相关,锅炉在运行过程中,通常都是由操作人员凭经验手动调节,峰值能耗浪费较大。采用低耗电量的变频技术节能效果很好。其优势在于:电机转速降低,减少了机械磨损,电机工作温度明显降低,检修工作量减少;电机采用软启动,启动电流从零逐渐上升到额定电流值,不仅节能而且不会对电网造成冲击，节能效果显著，一般情况下可以节能约30%。

（6）控制系统改造。工业锅炉控制系统节能改造有两类：①按照锅炉的负荷要求，实时调节给煤量、给水量、鼓风量和引风量，使锅炉经常处在良好的运行状态。将原来的手工控制或半自动控制改造成全自动控制。这类改造会使负荷变化幅度较大，而且变化频繁的锅炉节能效果很好，一般可达10%左右。②针对供暖锅炉的改造。在保持足够室温的前提下，根据户外温度的变化，实时调节锅炉的输出热量，达到舒适、节能、环保的目的。实现这类自动控制，可使锅炉节约20%左右的燃煤。

（7）推广冷凝水回收技术，对给水系统进行改造。锅炉所产生的蒸汽，经过生产用热设备后会生成冷凝水。蒸汽冷凝水回收利用，尤其是用于锅炉给水，将产生显著的经济效益和社会效益。利用蒸汽冷凝水作为锅炉补给水，有如下好处：蒸汽冷凝水回水温度一般为60～95℃，可以利用其热量提高锅炉给水温度40～60℃，节煤效果明显；冷凝水回收量一般可达到锅炉补给水量的40%～80%，大大节约锅炉软水用量，既节约用水又节约用盐；给水温度的提高，提高了锅炉炉膛温度，有利于煤的充分燃烧；蒸汽冷凝水含盐量较低，可以降低锅炉排污量，提高锅炉热效率；减少了企业污水排放量和烟尘排放量。

（8）旧锅炉更新。这项改造是用新锅炉替换旧锅炉，包括用新型节能型锅炉替换旧型锅炉，用大型锅炉替换小型锅炉，用高参数锅炉替换低参数锅炉，以实现热电联产等，如用适当台数大容量循环流化床锅炉替换多台小容量层燃锅炉，实现热电联产。由于可以较大幅度提高锅炉的能源效率，所以，节能效益可观，投资回收期较短，长则4～5年，短则2～3年。

（三）保障措施

笔者于2009年5月，笔者带着如何做好锅炉能效测试，更好地促进特种设备的节能减排的问题，前往浙江、上海、江苏等地进行考察调研。根据这些地方的成功经验、做法和所面临的困难以及当地政府的支持性政策和措施，笔者进行深入的分析和思考，为保障节能工作的顺利进行，建议制定以下保障措施：

（1）建立和完善节能减排指标体系。地方政府应尽快出台制定鼓励节能减排和促进新能源发展的具体配套措施及优惠政策，各级职能部门建立协作联动机制，努力形成整体合力，大力开展对锅炉节能减排的宣传教育，营造浓厚的工作氛围，增强全民节能意识，充分发挥技术机构的支撑作用，共同推进锅炉节能减排工作。

（2）鼓励开发和应用工业锅炉节能降耗新技术、新设备。

（3）建立锅炉信息平台，发布工业锅炉节能信息，推行合同能源管理，建立节能技术服务体系。

（4）由当地政府出资组建锅炉能效实验室，并承担锅炉能效测试相关费用。通过能效测试，了解锅炉经济运行状况的优势，找出造成能量损失的主要因素，指明减少损失、提高效率的主要途径。由于组建实验室所需的检测设备多，设备昂贵，检测单位难以承担；能效检测程序烦琐，检测费用高，如果由使用单位买单，检测阻力大，不利于开展检测活动。

（5）充分发挥企业节能减排的主体作用。鼓励企业加大节能减排技术改造和技术创新投入，增强自主创新能力。完善和落实推进锅炉使用单位节能减排的各项管理制度，提高锅炉热效率。加强对锅炉运行人员和管理人员的节能技能培训考核，强化能源计量管理。

第二节　汽车发动机的节能减排

一、汽车发动机节能减排技术的研究背景及发展现状

近年来我国的空气污染问题日趋严重。根据中国社会科学院和中国气象局发布的数据，近几十年来我国部分地区雾霾天气总体呈上升趋势，持续性的雾霾天气现象显著增加。而这些问题都与汽车的尾气排放有着密不可分的联系。对于我国这样一个汽车大国来说，这些问题已经成为不得不面对的严峻挑战。如何采取一些有效的措施去处理好汽车与能源、环保、安全等问题之间的关系，成为这个时代的一个挑战。故而，有关汽车发动机节能减排技术的研究与应用显得尤为重要。

从现阶段来看，在市场上应用比较广泛的发动机节能减排技术主要有可变压缩比技术（VCR）、可变气缸技术（VCM）、燃油分层喷射技术（FSI）、可变配气技术（VVT）等。这些技术基本上都是利用发动机的参数变化控制技术，使汽车发动机在不同工况下尽可能地达到最佳的工作性能，提高燃油的经济性，减少尾气排量。本节将主要对可变压缩比、可变气缸、燃油分层喷射这三种发动机节能减排技术进行重点分析。

二、汽车发动机常见的节能减排技术

（一）可变压缩比技术

可变压缩比技术就是在汽车发动机运行过程中，能根据负荷的变化，实现对发动机压缩比进行动态调整的技术。在发动机高负载的时候提供较低的压缩比，而在发动机低负载的时候提供较高的压缩比。目前应用这种技术比较成熟的是日产汽车公司的VC-TURBO发动机。下面，将以这款发动机为例，对其进行工作原理和优缺点进行分析。

日产VC-TURBO可变压缩比发动机的工作原理就是靠固定在发动机侧面的电机执行器控制一套连杆机构来改变发动机压缩比。这套连杆机构采用的是在曲柄销转动部位摆动的杠杆的一端与连杆连接，而其另一端则与控制轴延伸出来连杆相连接的构造。在需要调整压缩比的时候，由于连杆是与控制轴的偏心部分连接的，所以当控制轴在转动的时候，控制轴的连杆就会通过带动曲柄销回转而使杠杆摆动。如此一来，活塞上止点的位置就会向上或者向下移动一段距离，进而造成燃烧室容积改变，但是此时气缸的工作容积没有改变（因为活塞的行程并没有发生变化）。在这种情况下，由于气缸工作容积没变，而燃烧室的容积却变大或者变小，就实现了对发动机压缩比大小的调整。简单地说，就是利用一套多连杆机构，通过调整活塞上止点位置来实现可变压缩比。

日产VC-TURBO可变压缩比发动机的优点主要有：（1）提高了发动机的动力性，减少了油耗，同时在一定程度上改善了尾气排放性能；（2）该多连杆机构中，活塞的往复运动接近正弦曲线，几乎没有二次振荡的情况。

日产VC-TURBO可变压缩比发动机的缺点主要有：（1）多连杆机构比较复杂，增加了制造成本；（2）由于添加了一些可活动的零部件，所以给后期维修增加了困难，同时也增加了发动机的总质量。

综合来看，日产的这款VC-TURBO可变压缩比发动机虽然在提高燃油经济效率和节能减排方面有着显著效果，但是其在结构上仍需要进一步改善。相信未来，随着智能化应用的加入，可变压缩比技术将会变得更简约、更完善，为进一步提高发动机的能量利用率及尾气排放性能做贡献。

（二）可变气缸技术（VCM）

可变气缸技术也称可变排量技术。因为在日常的驾驶中，有时候并不需要发动机大功率的输出，特别是在一些大城市遭遇堵车的时候，大排量多气缸的组合就有点浪费了。

而可变气缸技术就是在发动机在小负荷状态工作时，通过一系列的方法让一部分气缸停止工作，而另一部分气缸继续正常工作。具体的方法主要有两种，即对发动机停止供油和停止供气，这两种方法也是目前汽车厂家用得比较多的。

现阶段，具有代表性的可变气缸技术有 VCM、MDS、DOD、ACT 等。下面，笔者将对 VCM 进行具体的分析。

VCM 的工作原理是通过可变气门正时和升程电子控制系统（VTEC）在特定情况下关闭指定气缸的进、排气门，以此来中止这些气缸的工作。具体的工作过程就是利用电子控制技术，采用专用的一体式滑阀。在接收到系统电控装置发出的调节指令后，滑阀会有选择地将油压导向特定气缸的摇臂。然后，同步活塞在上述油压的推动下，实现摇臂的连接和断开，从而达到关闭进、排气门的目的。在关闭气门的同时，这些气缸的燃油供给会被动力传动系控制的模块切断，最终停止工作。这样一来，就实现了在特定情况下，部分气缸工作，而另一部分气缸不工作的目的。这里需要特别指出的是，在 VCM 系统中，非工作气缸的火花塞还是会继续点火。其目的是降低火花塞的温度损失，避免非工作气缸重新投入工作时因为不能完全燃烧而造成火花塞油污的现象。

VCM 技术的主要优点是可以在特定情况下关闭部分气缸，有利于燃油效率提高，在一定程度上提高了燃油经济性，同时也降低了尾气排放水平。当然，VCM 技术也有其不足之处。以本田的 VCM 为例，当汽车发动机在小负荷运行或者减速时，只有前排的 3 个气缸工作，而后排的 3 个气缸不工作，这时由于发动机处于一种不平衡的工作状态，会产生抖动和异响。由此可见，VCM 系统虽然在节能减排方面有着巨大的作用，但是其系统在设计方面还有待进一步地优化提高。

（三）燃油分层喷射技术（FSI）

燃油分层喷射技术（FSI）是直喷式汽油发动机领域中的一项新技术。它在发动机同等排量的情况下，将发动机的动力性和燃油经济性几乎最大限度地结合起来。可以说是当代汽车发动机新技术中最为先进，也是最成熟的燃油直喷技术。这项技术最大的优势就是在提供大的输出功率和扭矩的同时，还能提高发动机的燃油经济性和降低尾气排放。

FSI 发动机的工作原理就是根据发动机在低负荷和全负荷两种状态时采用两种不同的注油方式来分别实现稀薄燃烧和均匀燃烧。下面，笔者将以大众迈腾的 FSI 发动机为例，对其具体的工作原理进行具体分析。

当发动机处于低负荷状态时，油门处于半开状态，在发动机压缩冲程喷注燃油。由于特殊结构的活塞顶设计，会使空气和燃油形成滚流。这时在火花塞周围形成的混合气是近似理论空燃比的可燃混合气。通过点燃火花塞周围的混合气来引燃整个燃烧室内的混合气。由于除火花塞周围外，在燃烧室其他地方的混合气则是高空燃比混合气，形成了稀薄燃烧。这种燃烧能够起到节约燃油、改善发动机的经济性、降低尾气排放水平的作用。

当发动机处于全负荷状态时，系统会根据吸入的空气量来控制燃油的喷注量。在这种情况下，燃油与空气同步注入气缸，使符合理论空燃比的混合气均匀地充满燃烧室，形成均质燃烧。这种充分的燃烧一方面能使发动机的动力得到充分的发挥，另一方面，燃油的蒸发又对混合气起到了一定的降温作用，减少了爆震现象。除此之外，在这种均匀燃烧下，发动机还可以获得更高的扭矩和动力输出。

FSI 发动机的技术优势十分明显，其除了具有上文我们分析工作原理时提到的节省油耗、降低尾气排放、能够输出更高的扭矩和功率之外，还具有操作轻便、舒适的优点。因为我们在日常行驶过程中，遇到不同的路况，需要不停地换挡。而 FSI 发动机的出现，可以让驾驶者明显地体会到换挡次数的减少，操作也更加方便舒适。尽管如此，FSI 发动机还是有一些小瑕疵的。例如：稀薄燃烧时，尾气中 NO_x 的含量升高，而且对发动机燃油的品质有着更高的要求。不过，相信随着技术的不断进步，这些不足之处会被逐渐克服。

三、汽车发动机节能减排技术的未来发展趋势

随着社会的不断发展，科学技术的不断进步，汽车发动机在节能减排方面可能朝着智能化和网联化的方向发展。未来的发动机节能减排技术的实现可能不再需要复杂的结构，智能化的硬件设备将代替之前这些技术中的某些复杂结构。同时这些智能化的设备会通过从发动机中采集的实时数据来进行更精确的决策和调控，使发动机的尾气排放量尽可能降到最低。而网联化则可以通过互联网大数据的分析，在实时地获取汽车所在的地理位置及这个位置的路况信息之后，及时地反馈给发动机的相关决策系统进行分析计算，最终根据计算结果及时地调整发动机的某些参数来减少排量。

较好的燃油经济性能，较低的尾气排放水平，日趋成为这个时代对汽车发动机的新要求。目前市场上虽然已经出现许多较为成熟、应用也相对比较广泛的节能减排技术，但是它们仍然或多或少存在一些不足之处，需要我们不断改进。在智能化、网联化这个发展趋势的推动下，汽车的节能减排技术将开辟一个新的领域。而如何更好地将节

能减排技术与智能化、网联化结合,还需要每一个技术人员和相关领域专家的探索与努力。

第三节 船舶动力装置的节能减排

船的动力装置对于整个船来说非常重要。在动力装置系统中,柴油机可以提供动力,但柴油机的热利用率比较低,会产生一些对环境不利的废弃物,对环境的可持续发展有很大的影响,所以要提高柴油机的燃烧利用率,提高船舶动力装置系统的效率,进行节能减排,促进环境的可持续发展。

一、船舶的动力装置存在的问题

(一)系统装置效率比较低

船舶的节能减排技术既能使船舶正常运行,还能减少资源的浪费,减少废弃物的排放,尽可能用最少的能源得到最多的动力。船舶动力装置节能减排技术非常重要,在船舶运行的过程中要有专业的技术人员一直观察船舶的运行状况,还要观察航向是怎样转变的,对于一些实际的情况,要做好分析与记录,记录耗油量,根据船舶的实际运行来选择节能减排技术,最主要的目的其实是节约资源。

(二)动力装置创新性比较低

对于船舶动力装置来说,动力系统的燃气、助推器等装置都是用来保证船舶的运行和管理的,但是传统的动力系统创新性比较低,都是燃油类动力系统,这就大大降低了船舶动力装置的效率,船舶不能高效地运行。在动力装置节能减排方面研究人员更应该努力开发新型的动力装置配置,根据专业的系统知识对动力装置进行改造,实现动力装置的绿色可持续发展。

(三)船舶动力装置设计人员的专业能力不高

船舶动力装置的创新需要不同领域的工作人员进行研究与合作,需要设计人员有非常高的专业能力,懂得较多的专业知识,但是部分设计人员还不能够顺应时代的发展,不了解动力装置的信息,就很难实现高效率的创新;他们还缺乏节能减排和绿色发展的意识，对于动力装置中一些不必要的装置和废弃物的处理并不是很了解，这样也难以实现系统的高效利用。

（四）相关经济的影响

推广船舶动力装置节能减排技术不仅需要专业的人才，还需要大量的资金，但是现在一些地方政府对于节能型船舶还不是特别重视，认识并不全面，在资金方面也没有给予充足的支持；有一些人的环保意识还不够，所以要加大宣传力度，节能型船舶也需要宣传，让人们了解到节能降低能耗的船舶是非常重要的。和普通的船舶来比，节能型的船舶造价比较高，很多人都会选择造价低的，但是这并不利于长远的发展。我国现在的航道有一半左右机械化程度比较低，技术条件也差，这些问题的存在也影响了节能型船舶的发展。现在的科技和经济都在快速地发展，但是环境污染越来越严重，要制定相应的法律来保护环境。船舶运行造成的环境污染很严重，如果没有严格的法律约束，对节能行船舶的研发与制造也会有一定的负面影响。

二、船舶节能减排的重要意义

在我国的进出口货物中，有很多都是通过海运运输的，现在物流行业发展得越来越快，所以使用到船舶的数量就越来越多，但是船舶的耗能量是十分大的，一定要对它们进行节能减排的改造，并且还要保护环境、节约资源。有研究表明，国际的航运会产生很多的二氧化碳，还会排放一些有毒的气体，不仅污染空气环境，还影响了海洋的环境。船舶动力系统的开发和应用，要和时代的潮流联系起来，使用节能减排的装置，高效利用能源，让船舶的动力装置系统得到创新，让环境得到可持续的发展。近几年全球的能源危机加剧，燃烧成本不断上升，燃料需求量非常大，所以相关的国际组织逐渐开始关注船舶的节能减排，还要加强对船舶的管理和设备的维修与保养。比如说在设计船舶的时候可以优化设计能源消费，合理地选择柴油机，减少船舶的阻力，提高效率。在平时，要加强对船舶的维修管理，保证柴油机和其他动力装置运行良好。

三、船舶动力装置节能减排的措施

（一）改变柴油机的动力装置

使用智能柴油机，即添加一些智能化的设备，比如添加电子技术，因为传统的柴油机是无法及时关注耗能的，所以无法及时发现问题，通过电子设备来控制和节约能耗，保证柴油机能够高效运行，实现柴油机的动力装置的创新，电子设备可以检测能源消耗的速度，还能够自动对速率进行调整，如果能源消耗比较快，机器就会检测到情况，调整好油的速率。但是仍需要研究人员及时更新柴油机的动力装置，让船舶变得更加高效，实现节能减排的目的。

（二）动力装置节能减排的创新发展

船舶动力装置的目标是节能减排、绿色发展，但是现在的动力装置并没有实现这个目标，所以要进行创新发展，通过安装一些多余动力装置，从内部减少废物的排放量，保护环境，让环境得到可持续发展。动力系统的多余装置是指传统的动力系统中没有的装置，通过这种装置可以对排放出的污染物进行内部消耗，从而促进船舶系统的整体发展。节能减排对于未来的发展是非常重要的，也是整个时代发展的要求。

（三）提高研究者的专业素质

船舶动力装置的节能减排创新需要广大应用者及使用者提供更多的建议，然而，在发展中，部分研究者对船舶动力装置本身的前沿信息了解较少，对于动力装置更新再造的方式与信息了解不多，这将是动力装置节能减排发展的一大障碍，实现高效能节能减排，促进动力装置的更新再造需要广大人员的参与配合，需要更多的研究者通过参加培训或者讲座，获取国际前沿信息，了解掌握更多的动态，从而促进船舶动力装置的设计与研究，促进环境的可持续。

（四）更新船舶动力装置生产的模式

生产模式主要是就动力装置生产中的设计而言的，生产设计与生产过程从源头决定了船舶的动力装置。生产模式虽然不直接作用于动力装置本身，却能间接提高装置生产效率，保证装置质量，从而促进装置的更新与节能高效。无论通过哪种措施提升船舶的节能减排效能都是未来发展的趋势，都是时代发展的必然过程，随着科技的推进，人工智能与大数据也将会被应用于此，从而促进其发展。

（五）废热回收以及废气处理

进行废热回收以及废气处理也是船舶节能降耗的有效手段之一。船舶在运行过程中会消耗燃油，并产生热量，但是其中有差不多一半的热量都会以废气热辐射等形式浪费掉。

时代在快速地发展与进步，船舶的节能减排技术也需要创新，为环境发展做出一定的贡献。未来节能、减排、高效将是各行各业发展的主流方向，想要从根本上实现其创新与再造，需要一定的时间和有效的措施。现在船舶动力装置不断地发展与创新，相信在不久的将来就会满足船舶动力装置的节能与减排要求，顺应船舶动力装置发展的新趋势，解决船舶动力装置在节能减排方面存在的一些问题，保护好我们生活的家园，保护海洋的生态环境，把污染物清理干净，促进我国海洋产业的发展。

第四节　汽车尾气的节能减排

人类是自然环境中的一部分，人类的生活与环境状况息息相关。近些年来，环境污染问题已经开始影响人们的日常生活与身体健康，甚至威胁到人类的生存与发展。面对这一情况，世界环保组织与各国家、地区都将预防和治理环境污染作为 21 世纪发展的关键内容。我们在治理汽车尾气污染的同时，更应该遏制住污染的源头，从预防的角度出发，结合汽车尾气的形成条件及危害，有针对性地发展、革新汽车节能减排增效技术。

一、汽车尾气排放问题的相关概念

（一）汽车尾气的特征及排放标准

汽车尾气是汽车动力燃料经过燃烧后排放出来的废弃物，其主要成分是悬浮固体颗粒及有害气体。在日常生活中，我们有时用肉眼就可以看见内燃型汽车在行驶过程中排放出气体。这些尾气有无色、黑色、白色或蓝色之分，但不管是无色无味，还是呈各种颜色并伴随刺激性气味的烟雾，都含有对人体有害的一氧化碳、铅等物质。大量的汽车尾气排放会污染空气，损害人的健康。严格控制汽车的尾气排放已经成为环境保护的重要内容。

中国产业洞察网提出，应当将尾气的排放标准作为机动车年审的重要指标。为了削弱汽车尾气的负面影响，提升汽车尾气的排放标准势在必行。我国的汽车尾气排放标准是参照欧洲的标准制定的，如国 IV 标准（国家第四阶段机动车污染物排放标准）等同于欧 V 标准。研究调查发现，满足国 IV 标准的机动车污染物排放量比同类型国 III 标准降低了 50%。

（二）汽车尾气的危害

汽车尾气的成分非常复杂，超过100种，主要的污染物是固体悬浮微粒、氮氧化合物、二氧化碳、一氧化碳、铅及硫氧化合物、碳氢化合物等。一辆汽车一年排出的废气污染物大约比自身的重量大3倍。英国有研究报告指出，英国每年死于空气污染的人数比死于交通事故的人数还要多10倍。汽车尾气已经逐渐成为威胁现代人类健康的核心问题之一。

1. 对人体的危害

汽车尾气中有大量的悬浮固体颗粒。这些悬浮物构成复杂、吸附性强，能够吸附各种金属粉尘和各种病原微生物，且因为颗粒直径较小，能顺着呼吸道进入人的肺部。这些携带了病毒的颗粒进入人体内部之后，会以沉淀、扩散等形式停留在不同的部位，轻则引起呼吸道疾病，重则引发恶性肿瘤，即便只是接触人体外部的皮肤和器官，也会引起皮肤炎、眼部疾病等。

尾气的主要成分是气体。一氧化碳进入人体，与血红蛋白结合，会削弱人体血液的送氧功能，直接损害人的中枢神经系统，造成人的知觉反应及记忆力障碍，严重时会危及生命。同时，氮氧化物会导致人的呼吸系统功能失调。此外，铅是有毒重金属，进入人体会导致人体含铅量超标，引发心血管疾病，影响人的神经系统及内部器官。

尾气排放严重超标会造成大气中碳氢化合物和氮氧化物过量，并在光照作用下生成PAN、酮类、臭氧、醛类等二次污染物，产生光化学烟雾。其对人体造成的伤害远远高于氮氧化物。每一次光化学烟雾污染事件都会带来严重的危害。比如，1952年，伦敦出现光化学烟雾污染，4天中，死亡人数较常年同期多4000人，45岁以上和1岁以下的死亡人数均比平时多几倍；1970年，美国洛杉矶的光化学烟雾污染直接导致全城3/4的居民患病。

2. 对环境的污染

汽车尾气除了直接影响人体健康和生命安全以外，还造成了严重的环境污染，包括大气污染、土壤污染等。大气污染最直接的表现就是雾霾，如近些年来，我国大面积出现空气中$PM_{2.5}$超标的情况。酸雨现象主要是大气中二氧化硫的浓度超标造成的，而工业制造和汽车尾气是二氧化硫的主要来源。酸雨会直接且大范围地造成土壤和水源酸化，从而影响周围植物、农作物的生长及动植物的饮水健康。此外，在工业改革、汽车行业快速发展的这100年内，温室效应日益明显，造成了冰川融化、海平面上升及拉尼娜现象、厄尔尼诺现象等，使得人类的生存环境越发严峻。

（三）汽车尾气的治理效益

汽车尾气的治理不仅能缓解环境污染，而且能为时代发展带来多层次、多角度、持久且广泛的效益，主要包括经济效益、社会效益和生态效益。

一是经济效益。一方面，城市如果致力于汽车尾气治理，就能在优化环境的同时，打造响亮的城市名牌，更有利于城市经济开发、招商引资，有利于城市文化旅游、房地产等相关产业的品质提升；另一方面，汽车尾气治理的配套产品质量大大提升，市场需求不断增加，能带动经济增长和产品输出，也能为社会提供更多的就业机会。

二是社会效益。尾气治理能优化城市的生态环境，对外展示城市的良好风貌与先进的环保理念，从而吸引更多优质的人才前来投资、消费、居住；还能提升居民的环保意识和生态素养，让居民积极参与节能减排和生态环境的保护与监督。

三是生态效益。汽车尾气的治理就是通过减少废气排放量来降低大气污染水平，改善生态环境，提升周围地区的生态环境质量，还人类一个蓝天。

二、汽车节能减排的方法策略

（一）提升汽车节能减排技术

1. 替换燃料

目前大部分汽车都以汽油、柴油和天然气作为主要燃料。一方面，石油等属于不可再生的自然资源，由于过度开发，已有枯竭的趋势；另一方面，这些资源并不环保，燃烧时会产生大量汽车尾气。因此，我们应当使用更环保、更清洁的资源，如在汽油中掺入15%以下的甲醇、10%左右的水或以无铅汽油代替四乙基铅汽油等。目前，世界各国家、地区都致力于新燃料的开发，尝试以更环保的绿色燃料来取代油气燃料，如美国的"大豆柴油"等。新能源汽车就是基于此理念开发出来的新型燃料汽车。目前，市场上已经有不少纯电动汽车、混合燃料型汽车，以油气为主的汽车正在逐渐被取代。我们相信，汽车"零排放"的目标总有一天能全面实现。

2. 净化尾气

现有的汽车能通过使用催化剂、安装尾气净化装置等方式来净化尾气中的有害物质。一般使用较多的催化剂有氧化铬 - 氧化镍 - 氧化铜、氧化锰 - 氧化铜等。这些催化剂能将一氧化碳氧化成二氧化碳，将氮氧化合物氧化成水和二氧化碳等，实现对有害气体的净化。此外，目前有很多汽车都在使用正曲轴箱通气系统、排气再循环及蒸发排放控制系统。这些系统能通过多次循环净化，尽量减少汽车尾气中的有害气体。

（二）增强个人节能减排意识

1. 低碳出行

要严格治理汽车尾气，实现节能减排，相关部门需要发动广大人民群众积极参与环境治理和生态保护行动，积极转变个人的出行意识，形成低碳出行、绿色环保的生活理念。比如，近距离出行，人们应尽量选择步行、骑自行车、坐公交车、坐地铁等方式代替自驾车；如果距离较远，则可以采用飞机、火车、高铁、客车等出行方式。在日常生活中，我们要尽量通过个人的自觉行动来减少汽车的使用，如果多人出行，可以采用拼车合乘的方式。同时，个人要形成良好的生活习惯，在日常生活中节约用水、用电、用气，珍惜自然资源，倡导节能减排、保护环境。

2. 检测清洗

如果汽车排气管附近长期没有清理，附着了大量的废弃物和污垢，就会造成尾气中有害气体的排放量超标。这就需要车主定期进行检测及清洗。在检测之前，应先清洗节气门；在行驶中，尽量使用97号汽油，利用高转速气流将三元催化器表面的污垢冲掉；在进行外观检查后，保持催化器的热度，如果依然没有通过尾气检测，可能是三元催化器存在老化或中毒现象，建议更换催化器或使用清洗剂进行保养。

3. 按时车检

车主应该按照国家标准，定期对自己的汽车进行检查。因为汽车的零部件在长期使用后会产生磨损、老化、损坏等现象。这些现象很可能导致汽车燃料燃烧不充分，产生成分更复杂、浓度更高的有害尾气。在条件允许的情况下，我们应积极淘汰旧车，以新能源环保型汽车，如电动汽车、甲醇汽车、太阳能汽车、液化气汽车等，替代传统的燃油型汽车，或将汽车的发动机替换为柴油发动机，这样产生的一氧化碳等废气相对较少。

（三）强化国家节能减排管理

1. 出行标准

目前，国Ⅵ标准已在北京等一线城市开始施行，但仍有部分地区的汽车尾气排放标准较低。只有加强对汽车尾气的排放管理，提升尾气排放标准，才能推动不达标车辆的更新换代，限制高耗能、高排放的汽车进口，优化国内汽车产业结构，促进国内汽车企业的技术发展。严格的尾气排放标准包括：不允许尾气不达标汽车上路行驶、坚决报废已达期限车辆、限制汽车购买、鼓励并出台低碳出行管理政策。比如，相关部门可以鼓励企业、学校开设专车接送员工或学生；加大汽车的出厂检测力度，还可以提升对新能源汽车企业及购买人员的补贴力度等。

2.宣传教育

政府及相关部门在治理汽车尾气及节能减排中应该发挥自己的主导地位和主体作用，积极引导民众参与生态文明建设。这就需要相关部门及社区机构积极开展宣传教育。首先，要着重向民众普及汽车尾气的危害与治理的意义，让民众将汽车治理同自己的生活实际联系起来；其次，要向民众宣传国家的相关政策，包括尾气管理、购车限制、扶持政策、优惠措施等，提升广大市民的节能减排意识和自我管理意识。

综上可知，汽车尾气治理是一项全面的、多方位的、与人类生活息息相关的工作。尽管我国目前的汽车尾气治理工作取得了一定的进展，但与国际标准和生态文明建设的要求还有一定差距。只有让节能减排意识扎根于每一个人的脑海中，通过社会、国家、企业、个人的强强联合、多方互动，才能真正实现汽车尾气的强效治理，实现节能减排。

第五节　油品储运的节能减排

秉持节能减排理念，有效地在油品储运系统中推广节能减排技术，将有效降低能源消耗。通过对储存区内机械设备的优化和运输设备的改造，例如改进石油储运系统中的油泵设备、以低温水代替以前的蒸汽、采用先进技术清洗油罐、引进新的节能设备和保温材料等，可有效减少企业运行过程中的能源消耗，达到节能减排的目的，提高储油和运输系统的资源利用率。

一、油品储运系统的发展现状

目前，我国的油品储运系统逐渐形成统一的生产布局，一般包括热力管网、生产线工艺、成品油罐区、原油罐区与成品油之间的罐区。成品油罐区主要承担石化公司油品配送中心的工作，原油罐区主要承担原油的储运工作，原油罐区与成品油罐区之间又分为多个小罐区，包括用于从石油中提炼出重油、轻油等的集中处理区域，还设有油气回收设施和油泵房，其主要功能是保存其他罐区送来的物料，并及时转移。

二、油品储运实施节能减排过程中存在的问题

在石油储存和运输过程中开展节能减排工作，增加了工作本身的复杂性，相关工作需要系统性安排，并且存在许多未解决的实际问题，极大地影响管理工作效率，难以改善当前节能减排的效果。这些问题存在于多个方面：

（一）落实不到位

尽管许多管理者已经意识到企业在储存和运输石油的过程中开展能源节约和减少排放的重要性，但许多一线的基础员工对此漠不关心，因此即便公司制定了各种节油减排措施，但实施效果不佳，员工不积极配合，使效果大打折扣。

（二）缺乏足够资金的支持

石油储运的节能减排发展需要大量资金的支持，以便对当前的储运体系进行总体的改良，引进大量的设备和人才，改进储油、运输、节能减排技术。同时，用于提升员工储能和减排能力的教育培训也离不开资金的支持，而大多数企业在这方面的投资不足。

（三）缺乏核心技术

节能减排目标不容易实现，不仅需要技术支持，还要注意社会效益和环境效益均衡。但是许多用于储油和运输的节能减排技术实用性不高，缺乏创新。通过减少储油量、合理优化储油运输参数比，降低石油储运过程中的消耗，可以在一定程度上实现石油储存、运输的节能目的，但是，这种方式实现的节能和限制排放效果非常有限，需要我们高度重视相关技术的研发，只有研发出有效的储存和运输节能减排技术，才能改善整个石油管理运输的过程，适应未来社会发展的需要。

三、油品储运过程实施节能减排的几点建议

通过对上述石油储运实施节能减排过程中存在问题的分析，对优化和改进当前的节能减排工作提出以下几点建议：

（一）加强油品储运中节能减排技术的管理应用，以提升劳动者的劳动效率

从员工角度出发，加强油品储运节能减排工作在实际企业生产过程中的应用，首先

要培训基层工作人员，使其能掌握相关的油品储运节能减排技术，并在日常工作中强化应用；而管理者则要对整个技术应用的过程进行监督管理，尽可能地确保应用成效，最大化提高油品储运节能减排水平，这就需要企业有效落实相关技术的教育和培训，不断强化员工专业技术水平，加强先进油品储运节能减排技术的应用，才能更好地确保油品储运节能减排水平得到提升。

（二）从资金角度出发，为油品储运节能减排发展提供保障

目前，一些公司已经增加了对节能减排领域的投资，但资金投入比例低的问题并未得到根本缓解。尽管教育和培训使用了多媒体和网络技术，并聘请了专家和技术人员面对面教授相关专业技能，但在最终的测试环节，可能出现答案提前泄露等情况，不利于真正提升员工知识技能。因此，我们需要加强对资金的监管，确保有限的资源得到最大限度的利用，做好相关的工作，保证教育培训的有效性。通过书面考试、实践考核、实践技能鉴定、技术审查和验证，确保教育和培训的有效性。同时，与相关高校合作，以加强后备人才的培养，确保有效开展油品储运节能减排工作。

（三）有效巩固油品储运节能减排技术的实施应用结果

针对油品储运节能减排目标，必须加强储油和运输的新技术的研发，同时要兼顾节能减排技术的应用。只有加强整个过程的优化和改进，才能更好地巩固应用结果。例如，某石油公司制定了石油储存和运输的节能减排目标，并将企业节能减排的重点锁定于个人节约用水、日常能耗管理、个人节能措施和户外消费控制措施等，通过一季度的实施，企业仔细分析和总结了当前在油品储运节能减排方面的不足，特别是温度升高和高能耗产生了大量损失，高能耗还导致了高排放，如大量碳排放等。为此，公司创新应用热能集成系统，以热水为热源，取代传统蒸汽，使储存和运输热能效果更佳，通过线圈达到保持温度的目的，但由于线圈的传热面积不足，必须增加传热系数，以促进能量的有效利用。

总之，在节能减排工作中，石化公司不仅要关注油品储运节能减排技术的应用，最大限度地降低能耗，控制废弃物的排放。同时，也要意识到节能减排对于企业未来发展的重要性。

第六节 物业管理的节能减排

众所周知,一个小区物业管理的好坏直接影响到业主的日常生活,并会对经济、社会、环境等各个方面产生一定的影响。应加强物业管理,提高节能减排工作水平,采取积极有效的措施发挥物业在节能减排方面的作用,促进我国社会持续健康和谐发展。

一、物业管理中节能减排工作的重要性

面对日益严重的环境、能源问题,提倡全员做好节能减排工作意义重大。不断增加的人口、经济发展对环境造成了破坏,加重了全球资源的负担。因此,倡导"全民节能",能够促进我国资源节约型、环境友好型社会的建立。

在物业管理中加强节能减排工作,能够充分提高全民的节能意识,也促进了企业的健康发展。还可以更好地节能降耗,为物业管理创造更多经济效益。由于物业管理的运行成本较高,可以通过对房屋配套设施的维护、环境的管理来节约能源,例如利用节能设备;采用高科技低耗产品;对旧的高能耗设备进行技术改造,全面达到节电节水的目标,从而减少物业管理的成本费用,更好地发挥其在节能减排方面的积极作用,促进社会健康、和谐、可持续发展。

二、物业管理中节能减排工作的应用

物业管理中节能减排工作需要抓住几个重点:重视科技创新、技术改造的作用;做好节能减排的宣传工作;全部门全员参与。从物业管理的实践中,我们可以看出,物业管理的能源消耗主要是用电和用水两部分。

因此,要做好节能减排工作就必须有效地控制小区的公共用电及公共用水。一方面利用节能设备,采用高科技低耗产品来节约能源,另一方面对旧的高能耗设备进行技术改造。例如:对公共照明灯进行更换,把各个楼道、车库的长明灯全部换成声光控开关。同时,根据夏冬季对小区内的路灯亮灯时间进行控制。通过一系列措施,减少资源消耗。另外,还应对小区的用水情况进行全面的分析。通过对比分析的数据更换用水量大的设备和管道,并定期对小区的绿化浇水点的水量进行抄录,检查是否出现跑、冒、漏、滴

等情况，若出现类似的情况及时派人员进行修理。最后，积极倡导居民节电、节水。例如，提倡居民随手关闭家用电器，合理设置室内空调的温度，尽量错峰用电以缓解用电高峰时段的压力。在小区各建筑的入口明显处设置提醒牌，提醒居民使用节能环保购物袋，减少一次性用品的使用。

在物业管理的实践中，还应该加强对节能减排的宣传工作。首先，在物业管理内部，组织企业全员参加节电、节水工作，树立节能降耗意识。让员工积极主动地寻找节能妙招，最大限度发挥企业集体的作用。在向小区的居民宣传节能减排时，需要多从日常生活中的细节入手，告诉小区的居民如何节约资源。

小区物业管理者在向居民宣传节能减排时，主要从以下几个方面入手：①在小区内的宣传栏中长期张贴倡导节能减排的海报。②在社区内组织能源紧缺体验活动，通过体验活动警示居民节能减排的重要性。③在小区门口设立"每周少开一天车"提示牌，倡导居民选乘公共交通工具出行。④定期在小区发放介绍节能小窍门的画册。介绍"空调如何使用更加节能""电脑、节能灯的使用技巧""家用饮水机怎么使用才节电""洗衣机的使用""电视机的使用""热水器的使用"等方面的内容，告诉小区居民如何在日常生活、工作中做到节能减排。

随着我国建设资源节约型、环境友好型社会要求的进一步加强，做好节能减排工作尤为重要。本节通过对物业管理节能减排的重要性进行分析，提出物业管理节能减排的应用策略。要做好节能减排工作一方面要利用节能设备及高科技低耗产品来节约能源；另一方面要对旧的高能耗设备进行技术改造，有效地控制小区的公共用电及公共用水。

第七节　城市暖通空调的节能减排

暖通空调具有巨大的市场潜力，但是其能源的消耗量又比较大。随着人们思想观念的改变，环境保护的意识越来越强烈，应做好节能减排工作，响应国家有关节能减排的号召政策，合理设计暖通空调，从而节约能源，促进经济发展。

一、建筑暖通空调工程设计存在的问题

（一）设计工作不完善

在暖通空调工程中，常常因设计的不完善造成资源浪费的现象，部分设计人员不遵守施工要求，为了节省资金而简化设计，从而导致设计出现偏差；还有部分暖通空调工程的设计与实际建设环境不相符，冬季气温设计过低就会造成室内人员对环境的适应时间增加，造成资源的浪费。

（二）能源管理意识薄弱

在对暖通空调的设计中，如果没有正确计算所需要的能源，就会造成能源的浪费。很多建筑暖通空调设计推荐使用可再生能源，但是部分设计人员对可再生能源的了解程度比较低，在实际设计时未能合理把控空调供暖和制冷对能源的需求，从而加大了能源的消耗。

（三）能源过度消耗

暖通空调能源的过度消耗也是目前存在的问题之一，很多暖通空调研发者的环保观念较差，设计出来的暖通空调工作效率低、消耗大，造成的环境污染也比较严重。能源短缺是我国经济发展面临的问题之一，因此建筑暖通空调设计应以节约能源为核心，最大限度地降低能源消耗。

二、建筑暖通空调设计中节能减排的应用

（一）蓄冷以及变频系统的应用设计

因蓄冷系统与用电量息息相关，所以用电量的变化趋势也影响着蓄冷系统的运转。数据显示，用电量频率达到顶峰时，蓄冷系统开始工作运转，使水转换为冰。相反，当用电量频率到达最低点时，蓄冷系统为了使供电系统不再超负荷运转，就会将凝固的水释放出来，以此来实现节能减排，减少能量的消耗。工作中的暖通空调系统时常受到环境气候变化的影响，因此，它极少出现超负荷运转的情况。但是，要将节能减排一直进行下去，设计人员不仅要使室内的通风系统保持稳定，还必须维持暖通空调的额定功率正常运转。要选用变频系统对其进行辅助，以避免整个系统因超负荷运行进入停机状态。在室外湿度高于室内时，利用空调通风来调和湿度的方法不可取。但是，当室外湿度低于室内时，可以采用以上方法来降低湿度，尽量保持内外湿度一致。比如，若空调大于一半以上的时间通风时长为0，则首要证明是在夏季，其次说明室内的湿度低于室外，不能采用空调通风去湿。

（二）可再生能源和环保施工技术的应用

为了提高节能减排的效果，相关技术人员应当尽量在建筑暖通空调系统中使用可再生能源，比如，现在比较普及的太阳能、水能以及地热能等等。通过对暖通空调系统的多次建设得知，其对于电能的敏感度十分高。因此，相关人员应当使用太阳能等可再生的能源对其系统进行改造，在降低电能能耗使用的同时，落实节能减排计划。与传统能源相比，太阳能具有明显优势，它既是可再生能源，还是一种高波动低密度的能源，与暖通空调中的制冷技术十分契合，能使其运转更加高效。

除此之外，节能减排技术的实施人员必须定期学习最新的专业知识，不断地更新自身的学习系统，完善知识框架，加强新知识的运用，能做到具体问题具体分析，继而将节能减排理念融会贯通到暖通空调工作中。例如，在双温冷水系统逐渐发展的情况下，相关人员应当加强温度调节以及排湿部分的独立性，能够使暖通空调系统独立地进行温度与湿度的调和。可再生能源以及环保施工技术的正确应用，既能将能源的消耗降到最低，还能实现空调的可持续运转，起到保护环境的作用。

（三）注重空调系统的灵活多样性

随着建筑环境标准的不断提高和建筑功能的日益复杂，人们对空调系统的性能要求越来越高。多联机空调系统是一种灵活多变的空调系统，在我国的空调领域得到广泛应用与发展。其灵活性主要表现在下列方面：（1）室内独立运行、使用的灵活性。用户根据室外气候的变化和各自的要求，在一年内的任何时候都可随意地选择机组的供暖或供冷运行模式，使空调可以满足不同场合、不同人群的需要。（2）系统的灵活扩展能力。在安装使用多联机空调系统时，可以整幢大楼一次完成安装并投入使用；可以先定购初期安装所需的机组，部分安装；可以让租住人订购机组，随着大楼的租住情况逐步安装投入使用。对于分期投资项目或扩建项目，可以在现有的多联机空调系统之上再增加新机组。（3）系统布置紧凑、简洁灵活。由于多联机空调系统没有体积庞大的风管、冷水机组等，因此可不设空调机房（或机房面积小），从而增大使用面积和有效空间，且系统布置方便灵活。

（四）合理设计风系统

风系统的设计也是暖通空调设计中的重要一环。将风系统应用到暖通空调系统中，能实现内部余热的转移。在面积比较大的空间内，人们移动时会产生一定的余热，暖通空调系统中的风系统就能够对余热进行转移，从而充分发挥余热的价值，提高能源的利用率。在应用中应充分考虑实际状况。如果对新鲜风的需求量比较大，就要考虑应用单风管的空气调节系统，还应考虑到用户的实际需求，加大对环境的保护力度，最大限度地利用有限的资源，从而实现节能减排的目的。

（五）建筑围护结构中的应用

建筑中墙体的保温框架是暖通空调系统运转频率的直接影响因素。在建筑暖通空调的设计中，建筑围护结构设计是一个关键环节。在整体工作的进行中，建筑围护结构能使建筑更好地适应室内外温度的变化。为了使节能减排计划更好地实施，应当采取相应方法将空调的负荷减轻，并且重视建筑围护的结构。这就要使工作人员严格构建建筑围护结构，使其在季节变换中保持温度的功能得到充分发挥，不会因气候影响而降低。在暖通空调系统运转的大部分情况下，室内空气的温度要低于空调送风的温度。比如，在夏季，室内的温度为23℃，空调系统的送风量应当比室内高。建筑围护结构能够调节送风量，在为人们创造舒适环境的同时，实现节能减排。

综上所述，在建筑暖通空调的设计中，要综合考虑各种因素，实现节能减排的目的，但在因为设计不合理、工作人员技能不足以及能源的浪费，暖通空调工程的节能减排设计还存在着一定的不足，应结合场地的实际状况与人员的实际需求，考虑环境、气候以及温度等各方面因素，做好节能减排的设计工作，贯彻落实以人为本的发展理念，激发新能源的发展潜力，从而更好地促进建筑暖通空调工程的节能减排发展。

第八节　大数据技术在城市节能减排中的应用

我国经济发展十分快速，各领域取得了十分重大的成就，但是付出的是巨大的资源以及环境成本。经济发展与资源环境矛盾日益突出，公众对环境保护的要求十分强烈。如果不尽快加速经济结构调整和增长方式转变，资源压力将不断增加，生存环境将遭到威胁，社会也会负担不起，经济发展也不能持久。进一步加强节能减排也是应对全球气候变化的迫切需要，这是我们的责任。

我国关于节能减排的政策措施主要有《中华人民共和国节约能源法》中指出"节约资源是我国的基本国策。国家实施节约与开发并举、把节约放在首位的能源发展战略"。建立发展循环经济、建设节约型社会的组织，研究制定发展循环经济、建设节约型社会的政策措施。建立循环经济发展和节约型社会建设专项资金，重点支持循环经济发展项目、节能活动、技术创新。建立和完善节能环保保障机制，并将各项指标纳入减少消费和排放的目标。

一、大数据简介

大数据是指在一定的时间内不能被传统型工具所捕获、管理和处理的一系列规模巨大的数据集合。相较于传统的数据处理程序来说，大数据处理具有巨大的优势。它可以有效地分析大型和复杂的数据模块，实现数据采集、分析、共享和传输，还可以通过预测的方式进行分析。

二、城市节能对于大数据技术的需求

随着社会的发展，人们的节能减排意识不断提高，对城市水电节约的要求越来越高。如何在满足城市居民生产生活需求的同时降低水电消耗，已成为当前水电调度的重要内容。新能源和电动汽车的引入对电网运行安全产生了很大的影响,电网运行负荷增加。同时,电网存在着一系列的不确定性,极大地加大了调节的难度。除了饮用水外,每个人每天都以其他方式使用大量的水,但这些水和饮用水来自同一水源,大量的消耗会导致饮用水供应紧张。此外,供水管网压力增加,消耗了其他资源。通过计算机大数据技术的应用,从海量数据中分析提取有价值的数据,为城市水电节能后续调控提供依据。

三、大数据分析在城市节能减排中的应用

(一)基于大数据对电力系统进行维护

电力大数据涉及内容广泛,主要包括电力的生产和使用。就城市供电而言,它贯穿于发电、输电、配电的各个方面。例如,通过大数据技术的统计分析,我们可以了解居民区的电力需求,并为后续发电过程提供充足的电力支持,有效控制电力运输过程中的电压上升,降低传输过程中的能耗。同时,还可以利用现代技术实时监测电力系统的运行情况,了解不同地区的用电量变化情况,避免用电量过大,造成不必要的损失。在此基础上,可以及时发现不足之处,寻求合理的措施进行有效的调整和改进。目前,每户家庭都安装了智能电表。除记录用户用电量外,还可以将用户用电量反馈给电力企业。

(二)基于大数据对供水系统进行管控

基于大量家庭的智能数据采集与控制系统主要支持用户查询和管理数据,该系统可接收来自不同地点的客户数据。在进行数据采集后,建立结构型网络数据库,并且持续进行数据库维护。根据城市水资源节能的要求,使用所建数据库进行数据分析及数据挖掘,建立智能水网络节能管控系统。

在大数据时代,节能减排将朝着智能化的方向发展。在这个过程中,可能会遇到许多问题和挑战,而且这个过程是长期的。必须根据实际总结经验,明确未来发展方向,大胆创新改革。

参考文献

[1] 孙海云.节能减排与循环经济发展之探讨[J].化工管理,2017(14):208—209.

[2] 赵庆山,贺晓莹.化工企业节能减排与发展循环经济[J].广东化工,2015,42(20):34+33.

[3] 佚名.发展循环经济打造绿色钢铁——鞍钢集团矿渣开发公司节能减排纪实[J].环境教育,2015(03):100.

[4] 王泽生.企业推进节能减排,发展循环经济的探讨[J].工业安全与环保,2014,40(02):89—92.

[5] 赵静波.基于全生命周期的锅炉安全高效运行及节能减排探讨[J].科技创新与应用,2017(1):159.

[6] 李云.循环流化锅炉安全运行及节能减排[J].科技传播,2011(5):138—139.

[7] 王志,宋涛.国际锅炉安全运行节能减排技术研讨会在渝召开[J].中国特种设备安全,2008,24(5):68.

[8] 王春晶.中小燃煤工业锅炉节能减排途径及情景分析[J].洁净煤技术,2016,22(1):109-113.

[9] 李铂.燃煤工业锅炉节能减排研究[J].工程技术:全文版,2016(5):00279.

[10] 王文翊,肖洪,王裕明等.燃煤工业锅炉实施煤炭高效洁净燃烧技术与节能减排分析[J].工业锅炉,2016(3):43—48.

[11] 杨涛.工业锅炉节能减排现状、存在问题及对策[J].华东科技:学术版,2017(6):355.

[12] 丘性通.燃煤工业锅炉改燃巨菌草及其节能减排效果分析[J].工业锅炉,2017(02):47—50.

[13] 马晓林.农机维修节能减排技术推广分析[J].农业开发与装备,2018,196(4):124—125.

[14] 刘永和.农机维修节能减排技术的推广策略[J].吉林农业,2017(23):46.

[15] 畅雄勃.农机维修节能减排技术推广探讨[J].农机化研究,2015,37(11):6—11.

[16] 张晓卫.浅析火力发电厂的节能减排策略[J].科技创新与应用,2014(07):128.

[17] 王婧.火力发电企业碳资产管理浅析[J].电力与能源,2015(03):337—339.

[18] 黄万峰.火力发电厂锅炉节能降耗的对策与措施探究[J].低碳世界,2014(09):64—65.

[19] 宋新.节能减排是新形势下油田发展之路[J].胜利油田职工大学学报,2009,23(4):70—71.

[20] 朱益飞,宫畅,周亮.油田多措并举推进节能减排[J].石油石化节能,2013,3(12):40—41.

[21] 孙学法.采油厂节能减排管理模式探讨[J].石油知识,2009,25(1):52.

[22] 朱益飞.孤东油田注采结构一体化调整节能示范区实施效果与评价[J].石油石化节能,2017,7(5):28—30+10—11.

[23] 黄丽卓.推进油田合同能源管理的几点思考[J].石油石化节能,2015,5(5):33—35.